Dr. Erik Müller-Schoppen
Beate Kesper

Handbuch zum Bundesfreiwilligendienst

Mit einem Geleitwort von Doro Maertsch

Dr. Erik Müller-Schoppen

Beate Kesper

Dieses Buch wurde mit freundlicher Unterstützung der Stiftung für
Erziehung, Bildung, Wissenschaft und Kultur realisiert.

www.EBWK-Stiftung.de

www.EBWK-Bundesfreiwilligendienst.de

Die Redaktion übernimmt keine Haftung für Inhalte von Webseiten,
auf die in diesem Buch verwiesen wird.
Stand Juni 2012.

Herstellung und Verlag:
Books on Demand GmbH, Norderstedt
ISBN 978-3-8423-7322-8

Printed in Germany

Inhaltsverzeichnis

Geleitwort

Dieses praktische Handbuch zeigt einen Weg in das öffentliche Ehrenamt auf. Das übersichtlich aufgebaute Hand-Buch von Dr. Erik Mueller-Schoppen und Beate Kesper will Interessierten helfen, die Entscheidung zum Ehrenamt zu finden. Die beiden Autoren, Leiter der Stiftung Erziehung, Bildung, Wissenschaft und Kultur, bieten im neuesten Buch einen ganz anderen Blick auf das Ehrenamt. Sie zeigt Möglichkeiten auf, wie man durch ein Ehrenamt Karriere machen und in den zur Routine gewordenen Alltag Abwechslung bringen kann. Das Handbuch ist nicht nur informativ, es macht auch Lust auf ehrenamtliches Engagement. Ein Ehrenamt verschafft Anerkennung, Ausgleich zum Stress am Arbeitsplatz, Zufriedenheit, Aufgehoben-Sein in sozialen Netzen und nicht selten eine neue Karriere.

Neue Erfüllung, neue Selbstbestätigung, Unzufrieden im Beruf? Zuviel Arbeit, zu viel Stress? Oder das Gegenteil, Langeweile, Unterforderung, keine Anerkennung, null Aufstiegschancen? – es gibt viele Gründe! Der Traum, alles hinter sich zu lassen, den Beruf zu wechseln oder gar auszusteigen, ist oft unrealistisch.

Abwechslung, Anerkennung, frischer Wind im täglichen Arbeitseinerlei sind garantiert als Bundesfreiwilligenhelfer, welchen Geschlechts oder Alters, das habe ich selbst so erlebt.

Doro Maertsch

Statt eines Vorwortes

Der Bundesfreiwilligendienst schließt nach dem Wegfall des Zivildienstes mit einer erweiterten sozialen Idee die entstandene Lücke. Der BFD ist ein erweiterter Freiwilligendienst. Jetzt können sich nämlich Jung **und** Alt freiwillig eine bestimmte Zeit – zumeist ein Jahr – in gesellschaftlich wichtigen Bereichen engagieren.

Im Bundesfreiwilligendienst im Sinne der Autoren der Stiftung EBWK stehen Bildung und Kultur, Wissenschaft und Erziehung und des Engagement im Zentrum der Aufmerksamkeit. In den vergangenen letzten Jahrzehnten hat sich die Vorstellung davon, wie sich das Verhältnis des Staates zu den Bürgern gestalten soll, erdrutschartig gewandelt. Das, was mit „Engagement" und „auf Augenhöhe" gemeint ist, konkretisiert sich durch den Bundesfreiwilligendienst selbst. Das Gesetz ermöglicht, ob gewollt oder nicht, eine Kommunikation und Kooperation zwischen dem Staat und dessen Aufgaben und dem einzelnen Bürger in Gestalt des Ehrenamtes.

Der Bundesfreiwilligendienst (BFD) ist ein Angebot an alle Bürgerinnen und Bürger, sich außerhalb von Beruf und Schule für einen Zeitraum zwischen sechs und 24 Monaten in sozialen, kulturellen, ökologischen oder anderen gemeinwohlorientierten Tätigkeitsfeldern zu engagieren – sozialversichert und professionell begleitet. Ob sie mit der Schule fertig sind und noch keine Lust haben, direkt die Uni- oder Ausbildungsbank zu drücken, ob sie noch nicht genau wissen, in welche Richtung es beruflich gehen soll, ob sie wegen einer Kinderpause wieder in den Joballtag hineinwachsen wollen, ob sie Gutes tun und sich sozial, ökologisch oder kulturell engagieren wollen, die Einsatzbereiche sind vielfältig: Kinder- und Jugendhilfe, Jugendarbeit, Wohlfahrts-, Gesundheits- und Altenpflege, Behindertenhilfe, Umwelt- und Naturschutz, Sport, Integration, Kultur- und Denkmalpflege, Bildung, Zivil- und Katastrophenschutz.

1 Aufgaben und Ziele des Bundesfreiwilligendienstes

In § 1 des Gesetzes werden zwei Ziele und Hauptaufgaben beschrieben, die tatsächlich die Republik verändern werden. Ob dies überhaupt beabsichtigt war, wird ein Geheimnis bleiben, der Erfolg hat bekanntlich viele Väter.

Hauptaufgaben und Ziele des BFD

1. *„Engagement in den verschiedensten öffentlichen Bereichen":*

Im Bundesfreiwilligendienst engagieren sich Frauen und Männer für das Allgemeinwohl, insbesondere im sozialen, ökologischen und kulturellen Bereich sowie im Bereich des Sports, der Integration und des Zivil- und Katastrophenschutzes.

Dieses Ziel wird von vielen Organisationen und Parteien geteilt. Aber in Verbindung mit dem nächsten Ziel entwickelt sich eine riesige Synergie.

2. *Lebenslanges Lernen:*

Der Bundesfreiwilligendienst fördert das lebenslange Lernen.

...wird lapidar erklärt und für den Staat und das Gemeinwohl gefordert und festgelegt.

Was sind Freiwillige nach dem Gesetz des Bundesfreiwilligendienstes?

In § 2 „Freiwillige" werden diese definiert:

Freiwillige im Sinne dieses Gesetzes sind Personen, die die Vollzeit-schulpflicht erfüllt haben, einen freiwilligen Dienst ohne Erwerbsab-sicht, außerhalb einer Berufsausbildung und vergleichbar einer Voll-zeitbeschäftigung, oder, sofern sie das 27. Lebensjahr vollendet haben, auch vergleichbar einer Voll- oder Teilzeitbeschäftigung von mehr als 20 Stunden pro Woche leisten, sich auf Grund einer Ver-einbarung nach § 8 (*Der Bund und die oder der Freiwillige schließen vor Beginn des Bundesfreiwilligendienstes auf gemeinsamen Vor-schlag der oder des Freiwilligen und der Einsatzstelle eine schriftli-che Vereinbarung ab.*) zur Leistung eines Bundesfreiwilligendienstes für eine Zeit von mindestens sechs Monaten und höchstens 24 Mo-naten verpflichtet haben und für den Dienst nur unentgeltliche Unter-kunft, Verpflegung und Arbeitskleidung sowie ein angemessenes Ta-schengeld oder anstelle von Unterkunft, Verpflegung und Arbeits-kleidung entsprechende Geldersatzleistungen erhalten dürfen; ein Taschengeld ist dann angemessen, wenn es

a) 6 Prozent der in der allgemeinen Rentenversicherung geltenden Beitragsbemessungsgrenze (§ 159 des Sechsten Buches Sozial-gesetzbuch) nicht übersteigt,

b) dem Taschengeld anderer Personen entspricht, die einen Jugend-freiwilligendienst nach dem Jugendfreiwilligendienstgesetz leisten und eine vergleichbare Tätigkeit in derselben Einsatzstelle aus-üben,

c) bei einem Dienst vergleichbar einer Teilzeitbeschäftigung anteilig gekürzt ist und

d) für Freiwillige, die das 25. Lebensjahr noch nicht vollendet haben und für die kein Anspruch auf einen Freibetrag nach § 32 Absatz 6 des Einkommensteuergesetzes oder Kindergeld besteht, erhöht ist.

Welche Einsatzbereiche gibt es, was ist die Dauer des Dienstes?

In § 3 werden Einsatzbereiche und Dauer beschrieben

(1) Der Bundesfreiwilligendienst wird in der Regel ganztägig als überwiegend praktische Hilfstätigkeit in gemeinwohlorientierten Einrichtungen geleistet, insbesondere in Einrichtungen der Kinder- und Jugendhilfe, einschließlich der Einrichtungen für außerschulische Jugendbildung und für Jugendarbeit, in Einrichtungen der Wohlfahrts-, Gesundheits- und Altenpflege, der Behindertenhilfe, der Kultur und Denkmalpflege, des Sports, der Integration, des Zivil- und Katastrophenschutzes und in Einrichtungen, die im Bereich des Umweltschutzes einschließlich des Naturschutzes und der Bildung zur Nachhaltigkeit tätig sind. Der Bundesfreiwilligendienst ist arbeitsmarktneutral auszugestalten.

(2) Der Bundesfreiwilligendienst wird in der Regel für eine Dauer von zwölf zusammenhängenden Monaten geleistet. Der Dienst dauert mindestens sechs Monate und höchstens 18 Monate. Er kann ausnahmsweise bis zu einer Dauer von 24 Monaten verlängert werden, wenn dies im Rahmen eines besonderen pädagogischen Konzepts begründet ist. Im Rahmen eines pädagogischen Gesamtkonzepts ist auch eine Ableistung in zeitlich getrennten Abschnitten möglich, wenn ein Abschnitt mindestens drei Monate dauert. Die Gesamtdauer aller Abschnitte sowie mehrerer geleisteter Bundesfreiwilligendienste darf bis zum 27. Lebensjahr die zulässige Gesamtdauer nach den Sätzen 2 und 3 nicht überschreiten, danach müssen zwischen jedem Ableisten der nach den Sätzen 2 und 3 zulässigen Gesamtdauer fünf Jahre liegen; auf das Ableisten der Gesamtdauer ist ein Jugendfreiwilligendienst nach dem Jugendfreiwilligendienstgesetz anzurechnen.

Was versteht das Gesetz unter „Pädagogischer Begleitung"?

In § 4 wird ein zentraler Punkt des Gesetzes angesprochen, die „Pädagogische Begleitung"

(1) Der Bundesfreiwilligendienst wird pädagogisch begleitet mit dem Ziel, soziale, ökologische, kulturelle und interkulturelle Kompetenzen zu vermitteln und das Verantwortungsbewusstsein für das Gemeinwohl zu stärken.

(2) Die Freiwilligen erhalten von den Einsatzstellen fachliche Anleitung.

(3) Während des Bundesfreiwilligendienstes finden Seminare statt, für die Teilnahmepflicht besteht. Die Seminarzeit gilt als Dienstzeit. Die Gesamtdauer der Seminare beträgt bei einer zwölfmonatigen Teilnahme am Bundesfreiwilligendienst mindestens 25 Tage; Freiwillige, die das 27. Lebensjahr vollendet haben, nehmen in angemessenem Umfang an den Seminaren teil. Wird ein Dienst über den Zeitraum von zwölf Monaten hinaus vereinbart oder verlängert, erhöht sich die Zahl der Seminartage für jeden weiteren Monat um mindestens einen Tag. Bei einem kürzeren Dienst als zwölf Monate verringert sich die Zahl der Seminartage für jeden Monat um zwei Tage. Die Freiwilligen wirken an der inhaltlichen Gestaltung und der Durchführung der Seminare mit.

(4) Die Freiwilligen nehmen im Rahmen der Seminare nach Absatz 3 an einem fünftägigen Seminar zur politischen Bildung teil. In diesem Seminar darf die Behandlung politischer Fragen nicht auf die Darlegung einer einseitigen Meinung beschränkt werden. Das Gesamtbild des Unterrichts ist so zu gestalten, dass die Dienstleistenden nicht zugunsten oder zuungunsten einer bestimmten politischen Richtung beeinflusst werden.

(5) Die Seminare, insbesondere das Seminar zur politischen Bildung, können gemeinsam für Freiwillige und Personen, die Jugendfreiwilligendienste oder freiwilligen Wehrdienst leisten, durchgeführt werden.

Was sind Einsatzstellen?

In § 6 werden die Einsatzstellen definiert.

Die Freiwilligen leisten den Bundesfreiwilligendienst in einer dafür anerkannten Einsatzstelle. Diese kann auf Antrag anerkannt werden, wenn sie Aufgaben insbesondere in Einrichtungen der Kinder- und Jugendhilfe, einschließlich der Einrichtungen für außerschulische Jugendbildung und für Jugendarbeit, in Einrichtungen der Wohlfahrts-, Gesundheits- und Altenpflege, der Behindertenhilfe, der Kultur und Denkmalpflege, des Sports, der Integration, des Zivil- und Katastrophenschutzes und in Einrichtungen, die im Bereich des Umweltschutzes einschließlich des Naturschutzes und der Bildung zur Nachhaltigkeit tätig sind, wahrnimmt.

Verträge müssen sein oder die „Vereinbarung"

§ 8 Vereinbarung

(1) Der Bund und die oder der Freiwillige schließen vor Beginn des Bundesfreiwilligendienstes auf gemeinsamen Vorschlag der oder des Freiwilligen und der Einsatzstelle eine schriftliche Vereinbarung ab. Die Vereinbarung muss enthalten:

1. Vor- und Familienname, Geburtstag und Anschrift der oder des Freiwilligen, bei Minderjährigen die Anschrift der Erziehungsberechtigten sowie die Einwilligung des gesetzlichen Vertreters,
2. die Angabe, ob für die Freiwillige oder den Freiwilligen ein Anspruch auf einen Freibetrag nach § 32 Absatz 6 des Einkommensteuergesetzes oder Kindergeld besteht,
3. die Bezeichnung der Einsatzstelle und, sofern diese einem Träger angehört, die Bezeichnung des Trägers,
4. die Angabe des Zeitraumes, für den die oder der Freiwillige sich zum Bundesfreiwilligendienst verpflichtet sowie eine Regelung zur vorzeitigen Beendigung des Dienstverhältnisses,

5. den Hinweis, dass die Bestimmungen dieses Gesetzes während der Durchführung des Bundesfreiwilligendienstes einzuhalten sind,
6. Angaben zur Art und Höhe der Geld- und Sachleistungen sowie
7. die Angabe der Anzahl der Urlaubstage und der Seminartage.

   a) Die Einsatzstelle kann mit der Erfüllung von gesetzlichen oder sich aus der Vereinbarung ergebenden Aufgaben einen Träger oder eine Zentralstelle beauftragen. Dies ist im Vorschlag nach Absatz 1 festzuhalten.
   b) Die Einsatzstelle legt den Vorschlag in Absprache mit der Zentralstelle, der sie angeschlossen ist, der zuständigen Bundesbehörde vor. Die Zentralstelle stellt sicher, dass ein besetzbarer Platz nach § 7 Absatz 5 zur Verfügung steht. Die zuständige Bundesbehörde unterrichtet die Freiwillige oder den Freiwilligen sowie die Einsatzstelle, gegebenenfalls den Träger und die Zentralstelle, über den Abschluss der Vereinbarung oder teilt ihnen die Gründe mit, die dem Abschluss einer Vereinbarung entgegenstehen.

Beteiligung ist besonders wichtig, damit ein Gesetz lebt

In § 15 werden Beiräte für den Bundesfreiwilligendienst geplant, in denen sogar die „Bufdis" sich beteiligen können, nach unserer Meinung viel zu wenig, von den Einsatzstellen ist gar keine Rede.

(1) Bei dem Bundesministerium für Familie, Senioren, Frauen und Jugend wird ein Beirat für den Bundesfreiwilligendienst gebildet. Der Beirat berät das Bundesministerium für Familie, Senioren, Frauen und Jugend in Fragen des Bundesfreiwilligendienstes.

(2) Dem Beirat gehören an:

   1. bis zu sieben Bundessprecherinnen oder Bundessprecher der Freiwilligen,
   2. bis zu sieben Vertreterinnen oder Vertreter der Zentralstellen,

3. je eine Vertreterin oder ein Vertreter der evangelischen Kirche und der katholischen Kirche,
4. je eine Vertreterin oder ein Vertreter der Gewerkschaften und der Arbeitgeberverbände,
5. vier Vertreterinnen oder Vertreter der Länder und
6. eine Vertreterin oder ein Vertreter der kommunalen Spitzenverbände.

(3) Das Bundesministerium für Familie, Senioren, Frauen und Jugend beruft die Mitglieder des Beirats in der Regel für die Dauer von vier Jahren. Die in Absatz 2 genannten Stellen sollen hierzu Vorschläge machen. Die Mitglieder nach Absatz 2 Nummer 1 sind für die Dauer ihrer Dienstzeit zu berufen. Für jedes Mitglied wird eine persönliche Stellvertretung berufen.

(4) Die Sitzungen des Beirats werden von der oder dem von der Bundesministerin oder dem Bundesminister für Familie, Senioren, Frauen und Jugend dafür benannten Vertreterin oder Vertreter einberufen und geleitet.

Ein Zeugnis gibt es auch

Nach § 11 gibt es eine Bescheinigung und ein berufsqualifizierende Merkmale enthaltendes Zeugnis, was sich bei Bewerbungen gut macht.

(1) Die Einsatzstelle stellt der oder dem Freiwilligen nach Abschluss des Dienstes eine Bescheinigung über den geleisteten Dienst aus. Eine Zweitausfertigung der Bescheinigung ist der zuständigen Bundesbehörde zuzuleiten.

(2) Bei Beendigung des freiwilligen Dienstes erhält die oder der Freiwillige von der Einsatzstelle ein schriftliches Zeugnis über die Art und Dauer des freiwilligen Dienstes. Das Zeugnis ist auf die Leistungen und die Führung während der Dienstzeit zu erstrecken. Dabei sind in das Zeugnis berufsqualifizierende Merkmale des Bundesfreiwilligendienstes aufzunehmen.

Das Geld, das liebe Geld

In § 17 werden die unterschiedlichsten Kostenfragen geregelt.

(1) Soweit die Freiwilligen Unterkunft, Verpflegung und Arbeitskleidung oder entsprechende Geldersatzleistungen erhalten, erbringen
die Einsatzstellen diese Leistungen auf ihre Kosten für den Bund. Sie
tragen die ihnen aus der Beschäftigung der Freiwilligen entstehenden
Verwaltungskosten.

(2) Für den Bund zahlen die Einsatzstellen den Freiwilligen das Taschengeld, soweit ein Taschengeld vereinbart ist. Für die Einsatzstellen gelten die Melde-, Beitragsnachweis- und Zahlungspflichten des
Sozialversicherungsrechts. Die Einsatzstellen tragen die Kosten der
pädagogischen Begleitung der Freiwilligen.

(3) Den Einsatzstellen wird der Aufwand für das Taschengeld, die
Sozialversicherungsbeiträge und die pädagogische Begleitung im
Rahmen der im Haushaltsplan vorgesehenen Mittel erstattet; das
Bundesministerium für Familie, Senioren, Frauen und Jugend legt im
Einvernehmen mit dem Bundesministerium der Finanzen einheitliche
Obergrenzen für die Erstattung fest. Der Zuschuss für den Aufwand
für die pädagogische Begleitung wird nach den für das freiwillige so-
ziale Jahr im Inland geltenden Richtlinien des Bundes festgesetzt.

2 Ehrenamt und Zivilcourage

In Deutschland ist fast jeder Dritte freiwillig engagiert und viele Menschen aller Altersstufen würden sich gerne engagieren, aber durch bürokratische Hemmnisse wird den Bürgern viel Kreativität genommen.

Warteschlangen gehören inzwischen in Deutschland zum Alltag an privaten Tafeln und Suppenküchen, wo bedürftige Menschen mit Essen versorgt werden.

Es taucht immer wieder die Kritik auf, dass die Hilfsorganisationen, ob groß oder klein, ihren Erhalt durch soziale Hilfs-Maßnahmen sichern. Tatsächlich gibt es eine zunehmende Tendenz des Staates, sich darauf zu verlassen, dass Aufgaben des Sozialstaats von privaten Initiativen übernommen werden.

Aber warum sollen nicht vermehrt Ehrenamtliche in entsprechenden Organisationen Strukturen im Staat schaffen, über ihre Wirkung mit Anregungen und Impulsen hinaus?

Der Staat ist nichts Statisches, sondern immer in Veränderung, er ist die Polis, die Aufgabe aller zu jeder Zeit. „Der Saat soll seine Pflicht tun!" – ist nur ein Augenblicksvermerk. Dass Ehrenamtliche Profis zur Unterstützung brauchen, ist sicher richtig, weshalb sollten diese Profis aber nicht selbst ehrenamtlich arbeiten?

Mit **Polis** wird gewöhnlich der antike Stadtstaat als städtischer Siedlungskern mit einem dazugehörigen Umland, dessen Bewohner rechtlich nicht von den Einwohnern des urbanen Zentrums unterschieden waren, bezeichnet. Die typische Polis war eine *Bürgergemeinde* bzw. ein Personenverband und definierte sich nicht primär über ihr Territorium, sondern über ihre Mitglieder.

Zweifellos versuchen staatliche Institutionen im Rahmen staatlicher Unterstützung massiv Einfluss zu nehmen, wobei die Gefahr besteht, dass das ehrenamtliche Engagement staatlich instrumentalisiert wird. Es ist oft die Angst der Verwaltungen und Behörden, dass Fehler gemacht werden, die das Vertrauen stören. Zumal sich die gemeinnützigen Organisationen nicht wenig Konkurrenz machen und das Vertrauen mindern.

Und wieder bekommen Schulen eine weitere Aufgabe, die die Familie auch leisten könnte, jungen Menschen müsste schon sehr früh beigebracht werden, sich auch für andere einzusetzen, Eltern müssten die Kinder bereits in der Familie für Gemeinnutz gewinnen, aber auch Schülern sollte der Wert von Gemeinwohl und Miteinander vermittelt werden, was Verfassungsauftrag ist, es besteht hier gar keine Wahlmöglichkeit.

In Deutschland ist es Tradition sich auf den Staat zu verlassen, er soll es richten. In den Vereinigten Staaten hat bürgerschaftliches Engagement dagegen eine lange Tradition.

Der Begriff „Ehrenamt" ist schleichend unmodern geworden und wird immer mehr durch „Bürger-Engagement" verdrängt. Es hängt wohl mit den Begriffen "Ehre" und "Amt" zusammen, die eine Identifikation unmöglich oder schwierig machen.

Der Trend im Engagement geht hin zu selbstorganisierten Teams und Gruppen, in denen jeder mitgestalten kann, weg vom klassischen Engagement im Kirchenchor, der Menschenrechtsgruppe, dem Sportverein, der Umweltinitiative oder der Nachbarschaftshilfe, hin zu hierarchiefreien Projekten.

In den USA sollte eine Biographie bei der Bewerbung viel freiwilliges Engagement enthalten, was über die Mittelherkunft und -verwendung nichts aussagt. Tatsächlich ist freiwilliges Engagement die entscheidende dritte Säule der Bürgergesellschaft der Zukunft, neben Staat und Markt.

Global wächst eine Generation von Menschen heran, die mit Hierarchien nur noch wenig anzufangen wissen und sich hierarchiefreier Kommunikationsformen bedienen.

Viele Menschen vermeiden lange Bindungen an Organisationen oder Institutionen wie Vereine und so beteiligen sich viele lieber an zeitlich begrenzten Projekten, die ihre Mobilität nicht gefährden. Ein regelmäßiges Training mit Kindern z.B. im Handballverein lassen die modernen, immer mehr Mobilität erfordernden Berufe nicht zu.

Die Bürger haben ein größeres Bedürfnis sich politisch zu beteiligen als viele glauben, es werden jedoch staatlich viel zu viele Hürden aufgebaut. Der Wunsch, die Gesellschaft im Kleinen mitzugestalten, ein Erlebnis der Gemeinschaft zu fühlen, die Gemeinschaft im Urpolitischen zu gestalten, ist groß. Initiativen finden Zuspruch, in denen Beteiligte etwas lernen und sich bilden können. Ältere engagieren sich in der Pflege, weil sie selbst künftig in einer ähnlichen Situation sein könnten. Ein **Ehrenamt** ist ein freiwilliges, nicht auf Entgelt ausgerichtet „Amt". Es wird gleichbedeutend mit Begriffen wie „Freiwilligenarbeit" oder „Bürgerschaftliches Engagement" verwendet. Formen des Ehrenamtes sind:

- Schöffen

- Schiedsleute

- gerichtlich bestellte Betreuer

- Mitarbeiter in kirchlichen Organisationen

- Mitglieder von Betriebsräten, Personalräten, Mitarbeitervertretungen und Jugend- und Auszubildenden-vertretungen

- Freiwillige Feuerwehren und Technisches Hilfswerk

- Deutsche Gesellschaft zur Rettung Schiffbrüchiger

- Deutsche Lebens-Rettungs-Gesellschaft

- Arbeiter-Samariter-Bund

- Deutsches Rotes Kreuz

- aktive Mitarbeit in einem gemeinnützigen Verein.

Jeder Dritte in Deutschland engagiert sich ehrenamtlich, so die Ergebnisse der Enquête-Kommission zum bürgerschaftlichen Engagement. Ehrenamtliches Engagement ist jedoch mindestens so schwer zu definieren wie Arbeit, die Ergebnisse von Datenerhebungen zum Ehrenamt hängen daher von der jeweiligen Definition ab.

In der abendländischen Tradition gehört der individuelle Beitrag zum allgemeinen Wohl immer schon zu einem sinnerfüllten Leben. In den antiken Stadtstaaten Griechenlands war es Sache jeden männlichen Bürgers, sich für das Gemeinwesen zu interessieren, für dessen Wohl zu engagieren und in den Versammlungen über die Belange der Stadt zu diskutieren. Wer an solchen Versammlungen nicht teilnahm und sich auch den Angelegenheiten des Gemeinwesens verweigerte, war ein *idiótes,* also ein Privatmensch: „Wer an den Dingen der Stadt keinen Anteil nimmt, ist kein stiller, sondern ein schlechter Bürger", formulierte es der Athener Perikles etwa 500 vor Christus.

In der Moderne lösen Produktivität und Arbeit das Ideal der Gemeinwohlorientierung mehr und mehr ab. Ein moralischer und tugendhafter Mensch wird nicht mehr von seiner öffentlichen, für das Gemeinwohl einstehenden Tätigkeit her definiert, sondern von seiner ökonomischen Tätigkeit her bestimmt.

Die bürgerliche Gesellschaft der Moderne versteht sich mehr und mehr als reine Interessengesellschaft. Als schon frühe Reaktion wurde 1957 die Aktion Gemeinsinn zur Förderung des Ehrenamts in der Bundesrepublik Deutschland nach amerikanischem Vorbild gegründet. 2001 fand das internationale Jahr der Freiwilligen statt, mit zahlreichen Aktionen auf Bundes- und Landesebene. Bund, Länder, aber auch Kommunen versuchen auf vielfältige Weise, die Freiwilligenarbeit bzw. das Ehrenamt zu stärken.

Der Stellenwert des Ehrenamts in einem Land hängt von mehreren Faktoren ab, wie Geschichte, Tradition und Stand des öffentlichen Sozialsystems. Ein Beispiel für eine hohe ehrenamtliche Beteiligung der Bevölkerung sind die USA. Die ersten Siedler waren sehr auf gegenseitige private Hilfe angewiesen. Die vorherrschenden Religionen in den USA bieten selten die Wohltätigkeit von Klöstern oder sonstigen religiösen Einrichtungen an. Die Demokratie ist schon relativ alt und das öffentliche Sozialsystem anders als in Europa entwickelt.

Motive für das Ehrenamt sind – ohne dass man diese immer voneinander trennen kann – soziale Verantwortung, Selbsterfahrung, soziale Bindung, Karriereförderung als Möglichkeit zur Aneignung karrierebezogener Fertigkeiten und die Möglichkeit, Arbeitskontakte zu knüpfen, Schutzfunktion, Ehrenamt als Möglichkeit zum Abbau von Schuldgefühlen oder eigenen Problemen, Selbstwertverbesserung, Übernahme von politischer Verantwortung, das Bedürfnis der Bürger/innen zur gesellschaftlichen Mitgestaltung, der Wunsch nach sozialen Kontakten und sozialer Einbindung. Altruistische Motive, Spaß haben und mit sympathischen Menschen in Kontakt zu kommen, Kenntnisse und Erfahrungen zu erweitern. Bei jungen Leuten und Arbeitslosen nimmt die so genannte Interessensorientierung (eigene Interessen und Probleme sowie der berufliche Nutzen als Hintergrund des Engagements) deutlich zu und auch das Streben nach „lebenslangem Lernen" spielt eine große Rolle.

In Deutschland wurde mit dem Job-AQTIV-Gesetz in § 119, Abs. 2, SGB III festgelegt, dass Arbeitslose nicht grundsätzlich vom freiwilligen Engagement ausgeschlossen sind, sofern die berufliche Eingliederung nicht beeinträchtigt wird und ohne Entgelt erbracht wird. Empfänger von Arbeitslosengeld sind aber verpflichtet, jede mindestens 15-stündige wöchentliche ehrenamtliche Tätigkeit vor deren Beginn der Agentur für Arbeit anzuzeigen

3 Motive für einen Freiwilligendienst

„Etwas für die Gesellschaft und für sich selbst zu tun, sollten die wichtigsten Motive für den Bundesfreiwilligendienst sein."
(Familienministerin Kristina Schröder)

Der Gesetzgeber hat sich mit dem Bundesfreiwilligendienst zwei den Charakter des Dienstes bestimmende Ziele gesetzt: generations-übergreifend Frauen und Männern zu ermöglichen, sich für das All-gemeinwohl zu engagieren und das lebenslange Lernen zu fördern.

Aber was bedeutet das konkret für den einzelnen Bürger?

Eine Chance für Schüler

Ein Grund ist, dass man sich schlicht und ergreifend für andere Men-schen oder die Umwelt engagieren möchte.

Ein anderer Grund ist, dass viele Schüler nach dem Absolvieren Ihrer Schulzeit nicht genau wissen, welchen Weg der Zukunft sie beschrei-ten wollen. Studium, Berufsausbildung oder …die Möglichkeiten sind vielfältig. Einige bekommen keine freie Lehrstelle in ihrem Traumbe-ruf, Studienplätze sind vergeben oder ihre Qualifikation reicht nicht aus, um die gewünschte Berufslaufbahn zu beginnen.

Der Bundesfreiwilligendienst bietet allen, die die Zeit bis zum Studi-um oder Lehrstelle überbrücken, bzw. sinnvoll nutzen möchten, die Möglichkeit Erfahrung in der Arbeitswelt zu sammeln, Zusatzqualifi-kationen zu erwerben oder für sich ein neues Arbeitsfeld auszupro-bieren.

Der Bundesfreiwilligendienst ist für Schüler aus der ganzen Welt, die Ihr „Gap Year" in der Bundesrepublik Deutschland verbringen wollen, um Kultur und Sprache kennenzulernen, eine echte Alternative zum bestehenden Programm.

Soziale Wertschätzung für Grundsicherung- und Arbeitslosengeldempfänger

Grundsicherung- und Arbeitslosengeldempfänger können durch den Wegfall sozialer Kontakte und den oft überzogenen Anforderungen der Wirtschaft in eine Sinnkrise kommen. Zahllose Absagen und die Bevormundung durch Behörden nagen am Selbstbewusstsein. Der Bundesfreiwilligendienst zeigt, dass jeder Mensch mit seinen persönlichen Talenten und Begabungen einen wertvollen Beitrag zum Allgemeinwohl liefern kann. Jeder Mensch wird gebraucht. Durch den Bundesfreiwilligendienst erhält jeder eine die Chance eines Zurück in die Berufswelt.

Stressfreie Berufsrückkehr für Eltern

Nach längerer Zeit ohne berufliche Anforderungen oder innerhalb der Erziehungszeit fühlen sich viele den Herausforderungen der modernen Arbeitswelt nicht mehr gewachsen. Der Bundesfreiwilligendienst bietet eine Möglichkeit, auch in Teilzeit wieder in einen (neuen) Beruf zurückzukehren.

Einfacher Branchenwechsel

Die Wirtschaft steht Berufserfahrenen, die einen Einblick in ein anderes Berufsfeld gewinnen wollen oft skeptisch gegenüber. Der Bundesfreiwilligendienst ermöglicht es Menschen jeden Alters, eine sinnvolle Auszeit zu nehmen und neue Berufserfahrungen zu sammeln.

Erfahrungen weitergeben

Die meisten Senioren haben nach ihrer Pensionierung und oft ohne familiäre Verpflichtungen eine Menge freier Zeit zur Verfügung, die viele sinnvoll nutzen möchten. Nicht nur Senioren, die die Pensionsgrenze oder das Rentenalter überschritten haben, sondern auch ältere Arbeitnehmer können im Bundesfreiwilligendienst jüngeren Freiwilligen mit ihrer Lebenserfahrung helfen, ihr Wissen mit selbst gewählten Tempo (Teilzeit) in gemeinnützige Projekte einbringen und ältere Menschen motivieren, auch aktiv tätig zu werden. Wie die Unternehmen der Zukunft nutzt auch der Bundesfreiwilligendienst die Erfahrung und Einsatzbereitschaft seiner aktiven älteren Mitmenschen.

Wertschätzung der ehrenamtlichen Arbeit

Viele Menschen engagieren sich bereits oder wollen ihre Zeit und Erfahrung nicht nur in den bereits bestehenden Strukturen zur Verfügung stellen. Mit der Schaffung der Einsatzstellen des Bundesfreiwilligendienstes steht eine neue Plattform für alle Bürger, die bisher im „Untergrund" für die Gemeinschaft tätig waren, offen. Sie erfahren nun eine Wertschätzung ihres Engagements durch die Einsatzstelle. Die Arbeit wird an die Öffentlichkeit gebracht und motiviert andere, es ihnen gleich zu tun. Die bereits vorhandenen ehrenamtliche Dienste werden einer größeren Gemeinschaft bekannt und die Vermittlung von Dienst und Bedürftigen vereinfacht.

4 Bundesfreiwilligendienst und die pädagogische Begleitung

Die Gesetzeslage

Der Bundesfreiwilligendienst wird pädagogisch begleitet mit dem Ziel, soziale, ökologische, kulturelle und interkulturelle Kompetenzen zu vermitteln und das Verantwortungsbewusstsein für das Gemeinwohl zu stärken.

Die Freiwilligen erhalten von den Einsatzstellen fachliche Anleitung.

Während des Bundesfreiwilligendienstes finden Seminare statt, für die Teilnahmepflicht besteht. Die Seminarzeit gilt als Dienstzeit. Die Gesamtdauer der Seminare beträgt bei einer zwölfmonatigen Teilnahme am Bundesfreiwilligendienst mindestens 25 Tage; Freiwillige, die das 27. Lebensjahr vollendet haben, nehmen in angemessenem Umfang an den Seminaren teil. Wird ein Dienst über den Zeitraum von zwölf Monaten hinaus vereinbart oder verlängert, erhöht sich die Zahl der Seminartage für jeden weiteren Monat um mindestens einen Tag. Bei einem kürzeren Dienst als zwölf Monate verringert sich die Zahl der Seminartage für jeden Monat um zwei Tage..Die Freiwilligen wirken an der inhaltlichen Gestaltung und der Durchführung der Seminare mit.

Die Freiwilligen nehmen im Rahmen der Seminare nach Absatz 3 an einem fünftägigen Seminar zur politischen Bildung teil. In diesem Seminar darf die Behandlung politischer Fragen nicht auf die Darlegung einer einseitigen Meinung beschränkt werden. Das Gesamtbild des Unterrichts ist so zu gestalten, dass die Dienstleistenden nicht zugunsten oder zuungunsten einer bestimmten politischen Richtung beeinflusst werden.

Die Seminare, insbesondere das Seminar zur politischen Bildung, können gemeinsam für Freiwillige und Personen, die Jugendfreiwilligendienste oder freiwilligen Wehrdienst leisten, durchgeführt werden.

Der Gesetzgeber hat sich mit dem Bundesfreiwilligendienst (BFD) zwei den Charakter des Dienstes bestimmende Ziele gesetzt: generationsübergreifend Frauen und Männern zu ermöglichen, sich für das Allgemeinwohl zu engagieren und das lebenslange Lernen zu fördern.

Gerade ältere Freiwillige können dabei ihre durch Lebens- und Berufserfahrung gewonnenen Kompetenzen für das Gemeinwohl einbringen und weitervermitteln.

Für jüngere Freiwillige bietet sich eine einmalige Chance eines allgemeinen oder konkreten Kompetenzerwerbs (z.b. bezogen auf den zukünftigen Berufswunsch).

Für benachteiligte Jugendliche erhöhen sich die Chancen für einen Einstieg in das Berufsleben.

Die vermittelten sozialen und interkulturellen Kompetenzen sollen das Verantwortungsbewusstsein für das Gemeinwohl sowie den nachhaltigen Umgang mit Natur und Umwelt stärken.

Um die vielfältigen Kompetenzen umzusetzen wird der BFD pädagogisch begleitet. Die Begleitung besteht u.a. auch aus Seminaren, an denen Teilnahmepflicht besteht.

Die Einsatzstellen tragen die Kosten der pädagogischen Begleitung der Freiwilligen. Dieser Aufwand wird den Einsatzstellen im Rahmen der im Haushaltsplan vorgesehenen Mittel erstattet.

Bei einer 12-monatigen Teilnahme am Bundesfreiwilligendienst werden 25 Seminartage pro Freiwilligen durchgeführt. Freiwillige, die das 27. Lebensjahr vollendet haben, nehmen in angemessenem Umfang an den Seminaren teil.

Die Organisation der pädagogischen Begleitung erfolgt durch die Zentralstellen.

Um am Bundesfreiwilligendienst (BFD) und damit an der pädagogischen Begleitung teilnehmen zu können, ordnet sich deshalb jede

Einsatzstelle einer Zentralstellen zu (§ 7 BFDG). Einsatzstellen, die einem der Spitzenverbände der freien Wohlfahrtsverbände angeschlossen sind, stehen seit dem Start des Bundesfreiwilligendienstes verbandseigene Zentralstellen zur Verfügung.

Die Zentralstellen können hierbei den ihnen angeschlossenen Einsatzstellen insbesondere auch zur Gestaltung und Organisation der pädagogischen Begleitung Auflagen erteilen. Auskunft hierzu gibt die jeweils zuständige Zentralstelle des Verbandes.

Einsatzstellen, die sich dem Bundesamt für Familie und zivilgesellschaftliche Aufgaben als Zentralstelle angeschlossen haben, steht auf Wunsch das gesamte Seminarangebot von 25 Tagen kostenfrei in den Bildungszentren des Bundes (bundesweit angesiedelt) zur Verfügung (sog. „Rundum-Paket").

Bei Nutzung des Angebots wird der Barbetrag von 100 Euro nicht ausgezahlt.

Möglich ist auch, die Seminartage zu einem Teil selbst durchführen (sog. „individuelle Lösung"). Pro Freiwilligen und Monat erhält die Einsatzstelle bzw. ihr Rechtsträger 100 Euro in bar. Zusätzlich steht der „Bildungsgutschein" (mit 15 Seminartagen) zur kostenlosen Nutzung der Bildungszentren der Einsatzstelle zur Verfügung.

Der rechtsverantwortliche Träger der Einsatzstelle (hier z.B. die Stadt Kitzingen) hat die Möglichkeit, neben der Nutzung des Bildungsgutscheins über 15 Seminartage die restlichen 10 Seminartage in eigener Organisation durchzuführen. Ob er diese in eigenen Bildungseinrichtungen oder in Kooperation mit einem externen Bildungsträger durchführt, liegt in der Entscheidung des rechtsverantwortlichen Trägers selbst.

Fünf von den 25 Tagen **müssen** jedoch in den Bildungszentren des Bundesamtes durchgeführt werden, sofern es sich um einen Freiwilligen handelt, der das 27. Lebensjahr noch nicht vollendet hat.

Nimmt die Einsatzstelle den Bildungsgutschein nicht in Anspruch, verfällt dieser. Die restlichen Seminartage wären durch die Einsatzstelle aus dem Barzuschuss von 100 Euro (s.o.) zu finanzieren.

Mögliche Seminare, Workshops und Vorträge im Rahmen der pädagogischen Begleitung

Selbst- und Zeitmanagement - Lebensbalance und Zeitsouveränität

Viele Menschen empfinden ihren hektischen und mit Stress beladenen Alltag als belastend. Das "klassische" Zeitmanagement mit dem Ziel des "Zeitschindens für mehr Effektivität" hat ausgedient. In diesem Seminarmodul wird auf den Punkt gebracht, was wir im Umgang mit uns und unserer Lebens-zeit, im Berufsfeld und in Partnerschaft und Gemeinschaft brauchen. Methoden der Arbeitszeitgestaltung und Organisation sowie der Umgang mit persönlichen Zeitdieben werden thematisiert. Die besten Ideen verrotten im Aktenschrank ohne effektives Lebens-Zeitmanagement. Hier lernen wir, klare Prioritäten zu setzen. Schwerpunkt ist die vierte und aktuellste Generation des Lebenszeitmanagements, in dem Lebensqualität, Motivation im Beruf, erfülltes Privatleben und Lebenssinn eine Einheit bilden.

Persönlichkeitsentwicklung - Selbstcoaching für Menschen, die verändern wollen

In diesem Seminarmodul wird eine persönliche Standortanalyse erarbeitet, mit der man sich seiner Gefühle und Gedanken bewusster werden kann sowie konstruktiver, gelassener und zufriedener wird. Quintessenz ist es, Blockaden und verkrustete Einstellungen zu beseitigen, Energien freizusetzen, eine Ent-Lähmung zu vollziehen, zielklar, lösungsorientiert und kraftvoll private, berufliche und gemeinschaftsdienliche Visionen zu verwirklichen.

Moderation

Um mit Gruppen zielführend, motivierend und demokratisch, dem einzelnen Teilnehmer Anerkennung zollend diskutieren zu können, hat sich in besonderer Weise die Moderationsmethode heraus kristallisiert. Die Teilnehmer erfahren die Moderationsmethode als ein effektives und innovatives Werkzeug, um Gruppenprozesse zu gestalten. Sie lernen die Elemente und Arbeitstechniken der Moderationsmethode gezielt einzusetzen und mit Emotionen und Konflikten in der Gruppe umzugehen.

Miteinander und soziale Kompetenz

Die Teilnehmer lernen in diesem Modul Führungsinstrumente kennen, die die Kreativität, das Engagement und das Leistungsvermögen von Gruppen effektiv aktivieren. Instrumente, die Eigenmotivation und eigenständiges und verantwortliches Denken fördern und Teammitglieder auch in schwierigen Situationen motivieren, sie anleiten, sich als Partner zu fühlen, um Spitzenleistungen im Wirkungsumfeld zu erzielen.

Projektarbeit

"Was ist zu tun", "Wer macht es" und "Wie wird es gemacht" – zu Beginn eines jeden Projektes gilt es, diese Fragen genau zu erörtern. Doch das ist erst der Anfang. Die konkrete Umsetzung eines neuen Projektes benötigt mehr als das grobe Gerüst, Claimmanagement und einen Zeitplan. Wie bei einer Reise muss auch der Weg zum Ziel optimal vorbereitet sein, damit auch alle bis zum Schluss mit Elan dabei sind. Mit dem richtigen Wissen wird jedes Projekt zum spannenden Abenteuer, auf das sich ein Team und ein Projektleiter gerne einlassen und es immer wieder aufs Neue miteinander wagen, Projekte anzugehen, zu entwickeln und zum Erfolg zu führen.

Teambildung und Teamarbeit

Die größte Kunst für einen Projektleiter besteht sicherlich darin, ein Team zu führen ohne formale Führungsmethoden einzusetzen. Die Teilnehmer lernen in diesem Modul die Sicherheit im Unterscheiden, zu welchem Zeitpunkt welche Form des Miteinanders angemessen ist. Die Fähigkeit, verschiedene Erwartungshaltungen und Motivationsstrukturen auch in schwierigen Situationen zu nutzen, wird erweitert. Die Kenntnis über verschiedene Rollenstrukturen in Teams, das Erkennen von Konflikten und deren konstruktive Lösung geben Sicherheit im Umgang mit Teams. Das Seminarmodul gibt weiterhin Aufschluss über die Grundlagen, Inhalte, Prozesse und Methoden der Teamarbeit.

Motivation

Motivierte und begeisterte Menschen sind für ein Unternehmen der wichtigste Erfolgsfaktor. Dieses Seminarmodul bringt Hintergründe und Auslöser für Motivation auf den Punkt, ebenso verschiedene Motivationsmodelle, Motivationsstrukturen und -arten sowie die dazugehörenden Werte und Bedürfnisse. Die Teilnehmer finden hier praxisbezogene Lösungen für Motivationsprobleme.

Konflikt- und Stressmanagement

Konflikte gehören zum Alltag wie die Luft zum Leben. Viele Menschen haben es kaum gelernt, mit Konflikten umzugehen und sind selten in der Lage, Konflikte als nützliche Gelegenheit der persönlichen Entwicklung zu sehen. Themen dieses Seminarmoduls sind Konflikttypologie, Entstehung und Dynamik von Konflikten, Konfliktwahrnehmung, Konfliktvermeidung, kooperative Konfliktbehandlung. Des Weiteren wird das **Thema Stress** eingehend behandelt, die Ursachen analysiert und praktisch anwendbare Methoden zum effizienten und konstruktivem Umgang mit Stresssituationen erlernt.

Kommunikation

Vom Small Talk zur Kunst erfolgreicher Kommunikation

Gespräche bieten gute Gelegenheiten, konstruktives Feedback zu üben und Zielvereinbarungen festzulegen. Quintessenz des Seminarmoduls ist es, sich auf ein Gespräch systematisch vorzubereiten, gezielte Fragen zu stellen, aktiv zuzuhören, sachliche Probleme zu lösen, konstruktiv zu beurteilen und erreichbare Ziele zu vereinbaren.

Rhetorik

Die Kunst, lehrreich, unterhaltsam und begeisternd zu sprechen

Erinnern Sie sich noch an die Rede des Schuldirektors, Vorgesetzten, des Brautvaters, des Bürgermeisters? Viel zu trocken, langatmig und schlecht vorgetragen. Das muss nicht sein! Dieses Seminarmodul zeigt, dass es auch anders geht. Es ist eine Einführung in die Kunst, lehrreich, unterhaltsam und begeisternd zu sprechen.

Grundwissen Ökologie im Leben

Die Medien konfrontieren uns nahezu täglich mit Meldungen über die globale Klimaerwärmung, die Zerstörung von Lebensräumen und das Aussterben bedrohter Arten. Die Menschen wissen auch, dass jeder Einzelne Verantwortung für die Umwelt trägt, dass jeder Einzelne seine Gewohnheiten im Alltag ändern muss, damit Umweltprobleme bewältigt werden können. Auch die Bedeutung der biologischen Vielfalt ist der Mehrzahl der Bevölkerung bewusst.

Das Seminar „Grundwissen Ökologie" hat den Anspruch, die großen Zusammenhänge der Erde, Mitteleuropas und - ganz wichtig - vor Ort, vor der Haustür zu erklären.

Coaching

Der Begriff "Coach" kommt aus dem Englischen und bedeutet eine Kutsche fahren, lenken bzw. führen. Ein guter Coach zeichnet sich dadurch aus, die individuellen Fähigkeiten seiner Mitmenschen zu erkennen und systematisch so zu fördern, dass diese Ihre Fähigkeiten wirksam und effektiv für das vorgegebene Endziel einsetzen können. In diesem Modul lernen und üben die Teilnehmer das Führen von Coachinggesprächen.

Psychologie

Ein erfolgreiches Arbeiten mit Menschen ist ohne fundierte psychologische Kenntnisse nicht möglich. In diesem Modul wird eingehend
praxisorientierte Psychologie im Umgang mit Menschen behandelt.
Als themenübergreifende Module finden die Erkenntnisse der Indivi-
dualpsychologie, der Psychoanalyse und weitere Konzepte und Mo-
delle Anwendung. Lebensphasen, Geschwisterkonstellation, Selbst-
wertgefühl oder Gemeinschaftsgefühl sind u.a. die Themen im
Zentrum.

„Kulturkreise": Der Mensch in der Globalisierung

Während die Biologie sich mit der belebten Natur von Mensch, Tier
und Pflanze sowie ihren Zusammenhängen beschäftigt, gilt das Interesse der Soziologie speziell den Menschen mit all ihren Formen des
Zusammenlebens innerhalb der Gesellschaft. Die Soziologie fragt,
wie unsere Gesellschaft aufgebaut ist und warum, wie die Menschen
in dieser Gesellschaft in den verschiedenen Schichten und Milieus
leben und von welchen größeren Zusammenhängen unser Leben
geprägt wird. Infolgedessen streift die Soziologie auch ihre benach-
barten Fächer, zum Beispiel Politologie, Kommunikations-, Wirt-
schafts- und Kulturwissenschaften und gehört mit diesen Fächern
zusammen zu den Sozial- und Gesellschaftswissenschaften. Immer
wieder erleben die Menschen unseres Kulturkreises in den Medien
Debatten über die Themen „Globalisierung" und „Individualisierung",
die sich beide nicht unerheblich auf das menschliche Zusammenle-
ben auswirken. Der verantwortlich-politische Mensch muss sich für
die hochkomplexe Gesellschaft, in der wir heute leben, interessieren
und sich in ihr besser zurechtfinden wollen.

Interkulturelles Lernen

Interkulturelles Lernen ist Sensibilisierung, Orientierung sowie die
Vermittlung interkultureller Kompetenzen. Sensibilisierung bezieht
sich dabei auf die Entwicklung des Bewusstseins für die kulturelle
Bedingtheit von – fremdem und eigenem – menschlichen Verhalten

und die Schärfung der Wahrnehmung für kulturelle Differenzen. Orientierung bezieht sich auf praktisches und theoretisches Wissen: auf Kenntnisse über Land und Leute, Informationsquellen und Referenzen, auf den Erwerb von Einstellungen und Bewertungen. Der Begriff Kompetenz bezieht sich auf Fähigkeiten, Verhalten und "Können". Es geht in diesem Seminar um Alltagskompetenzen, Empathie, kommunikative Kompetenz, interkulturelle Teamfähigkeit und kulturelle Selbstreflexion.

Wirkungsvoll begeisternde Präsentation

Der Erfolg von Projekten, die Akzeptanz und Umsetzung von Konzepten, Ideen und Visionen, der Ablauf von Besprechungen und Meetings ist immer auch abhängig von seiner professionellen Präsentation. Die Quintessenz dieses Seminarmoduls ist das Training sicheren Auftretens, didaktisch sinnvoller Reduktion der Inhalte auf das Wesentliche und der Einsatz und Umgang mit angemessenen Medien.

Visualisierung

Ein Bild sagt mehr als tausend Worte!

Der Einsatz der Schrift, die Gestaltung und Aufteilung von Charts, ob auf Pinnwänden oder Flipcharts, der Gebrauch von Farben, Symbolen und Formen, das Foliendesign, all dies dient der anschaulichen handwerklichen Gestaltung, die als individuelles Können von Teilnehmern honoriert wird.

Selbst- und Zeitmanagement im ehrenamtlichen Engagement

Wie kann ich Beruf, Familie und Ehrenamt miteinander vereinbaren? Lernen Sie, wie man klare Prioritäten setzt und mit Zeitfressern umgeht. Sie bekommen anhand von praktischen Beispielen die Methoden des richtigen Zeitmanagements vorgestellt.

Inhalte:

(1) Zeit: der „Reichtum" des Ehrenamtes, Erstellung einer persönlichen Zeitbilanz
(2) Sinn und Zweck eines Selbstmanagements im Ehrenamt
(3) Vom Leitbild zu den Zielen - zu den Handlungen

Werte im Wirtschaftsleben

Das Thema Werte hat in den letzten Jahren auch in der ökonomischen Diskussion eine zunehmende (und neue) Beachtung gefunden. Diskutiert wird insbesondere über das Verhältnis von materiellen und immateriellen Werten in einer wissensbasierten Ökonomie und deren Bewertung (Stichworte u. a.: Nachhaltigkeit, soziale Verantwortung, Wertemanagement, werteorientierte Personalführung, wertebalancierte Unternehmensführung).

5 Lebenslanges Lernen

Lebenslanges Lernen ist ein Konzept, Menschen zu befähigen, während ihrer gesamten Lebensspanne eigenständig zu lernen. Lebenslanges Lernen setzt aus der Sichtweise von vielen Bildungstheoretikern auf die Informationskompetenz des Einzelnen und hat deshalb Aufnahme in viele bildungspolitische Programme gefunden.

Von der Seelenlosigkeit einer Informationskompetenz und der Lern- und Bildungsbegriff

Informationskompetenz (engl. *Information Literacy*) stellt in der modernen Informationsgesellschaft im Rahmen der Medienkompetenz eine Schlüsselqualifikation zur Bewältigung von Problemen dar.

Der Begriff **Informationsgesellschaft** soll eine auf Informations- und Kommunikationstechnologien basierende Gesellschaft bezeichnen. Der Begriff Informationsgesellschaft wird oft mit dem Begriff der Wissensgesellschaft zusammen verwendet. Der Dissens, ob wir uns heute in einer Informations- oder Wissensgesellschaft oder beiden befinden, zeigt die mangelnde pädagogische Tiefe im bildungspolitischen Denken.

Es geht, modern gesprochen, um Schlüsselqualifikationen, ein Begriff, der den klassischen Bildungsbegriff immer weiter ersetzen soll. Diese Schlüsselqualifikationen sind **überfachliche** Qualifikationen, die zum Handeln befähigen sollen. Neben der Fachkompetenz sind diese überfachlichen Qualifikationen der zweite zentrale Bereich der Persönlichkeitsentwicklung. Sie sind daher kein Fachwissen an sich, sondern ermöglichen den kompetenten Umgang mit fachlichem Wissen.

Schlüsselqualifikationen sind **übergreifende** Fähigkeiten, die sowohl aus dem kognitiven, als auch aus dem affektiven Bereich stammen.

Diese Kompetenzen können in verschiedenen Situationen und Funktionen flexibel und innovatorisch eingesetzt und übertragen werden. Nach Definition der Bildungskommission NRW (1995) sind Schlüsselqualifikationen... „[...] *erwerbbare allgemeine Fähigkeiten, Einstellungen und Wissenselemente, die bei der Lösung von Problemen und beim Erwerb neuer Kompetenzen in möglichst vielen Inhaltsbereichen von Nutzen sind, so dass eine Handlungsfähigkeit entsteht, die es ermöglicht, sowohl individuellen als auch gesellschaftlichen Anforderungen gerecht zu werden.*"

„Gesellschaftliche Anforderungen" weisen fast verschämt auf die humane, politische Dimension der Bildung hin. Bildung ist immer auch der Erwerb eines Systems moralisch erwünschter Einstellungen im Rahmen der Menschenrechte durch die Vermittlung und Aneignung von Wissen und Erkenntnissen. Dieses Wissen und die damit verbundenen Erkenntnisse ermöglichen dem Menschen, dass er im Bezugssystem seiner geschichtlich-gesellschaftlich-politischen Welt wählend, wertend und Stellung nehmend seinen Standort definieren, Persönlichkeitsprofil bekommen und Lebens- und Handlungsorientierung gewinnen kann.

Schlüsselqualifikationen sollen und können das Fachwissen nicht ersetzen, sondern in Anbetracht der sich ständig wandelnden Anforderungen im Berufsleben dieses Fachwissen erschließen helfen. Sie sind daher zunächst inhaltsneutral und finden Anwendung im tätigen Berufsleben und in zwischenmenschlichen Beziehungen. Schlüsselqualifikationen lassen sich in fünf Kompetenzbereiche einordnen:

1. Sozialkompetenz

2. Methodenkompetenz

3. Selbstkompetenz

4. Handlungskompetenz

5. Medienkompetenz

Sozialkompetenz

Sozialkompetenz umfasst Kenntnisse, Fertigkeiten und Fähigkeiten, die dazu befähigen, in den Beziehungen zu Menschen situationsadäquat zu handeln:

- Kommunikationsfähigkeit, Kooperationsfähigkeit, Konfliktfähigkeit,
- Einfühlungsvermögen (Empathie)
- Emotionale Intelligenz
- Teamfähigkeit
- Führungskompetenz

Methodenkompetenz

Methodenkompetenz umfasst Kenntnisse, Fertigkeiten und Fähigkeiten, die es ermöglichen, Aufgaben und Probleme zu bewältigen, indem sie die Auswahl, Planung und Umsetzung sinnvoller Lösungsstrategien ermöglichen:

- Analysefähigkeit
- Kreativität
- Lern- und Arbeitstechniken
- Denken in Zusammenhängen
- Abstraktes und vernetztes Denken
- Rhetorik

Individualkompetenz/Selbstkompetenz/
Personenkompetenz/Humankompetenz

Fähigkeiten und Einstellungen, in denen sich die individuelle Haltung zur Welt und insbesondere zur Arbeit ausdrückt. Persönlichkeitseigenschaften, die nicht nur im Arbeitsprozess Bedeutung haben:

- Leistungsbereitschaft
- Engagement
- Motivation
- Flexibilität
- Kreativität
- Ausdauer
- Zuverlässigkeit
- Selbstständigkeit

- Mobilität
- Organisationsfähigkeit
- Management Skills
- Anpassungsfähigkeit
- Belastbarkeit
- Lernbereitschaft
- Zeitmanagement

Handlungskompetenz

Die Schnittmenge dieser 3 Kompetenzbereiche ist die individuelle Handlungskompetenz einer Person. Kompetenz bedeutet in diesem Zusammenhang die Befähigung eines Menschen, sich situativ angemessen zu verhalten, selbstverantwortlich Probleme zu lösen, bestimmte Leistungen zu erbringen und mit anderen Menschen angemessen umzugehen, auf der Basis eines erfolgreichen Lernprozesses. Kompetenz ist immer individuell. Sie bildet sich durch den Erwerb einzelner, sich gegenseitig beeinflussender Fähigkeiten, die auf eigene Werte und Ziele reflektiert werden:

- das kognitive Regelsystem, mit dem Handlungen generiert werden können

- die Disposition zum Erwerb aller Fähigkeiten

- stabile, universell angelegte und empirisch nicht wahrnehmbare Tiefenstruktur

Medienkompetenz

Bei der Medienkompetenz geht es darum, dass sich Personen in der heutigen Wissensgesellschaft als mündige und reflektierte Bürger einbringen können. Digitale Medien müssen unter der Betrachtung von

- Nutzung

- Auswahl

- Gestaltung

- Analyse

- Bewertung

genutzt werden können.

Sie gehört zum Bereich der Soft Skills und umfasst im Allgemeinen eine Reihe von Fähigkeiten, die dem Einzelnen den kompetenten, effizienten - unter Berücksichtigung von Rahmenbedingungen, wie Zeit, Programmen - und verantwortungsbewussten Umgang mit Informationen ermöglicht. Diese Fähigkeiten beziehen sich auf alle Aspekte des problembezogenen Erkennens eines Bedarfs an Informationen, ihrer Lokalisation, ihrer Organisation, ihrer zielgerichteten Selektion durch Analyse und Evaluation und ihrer zweckoptimierten Gestaltung und Präsentation.

Ein Satz, der die ganze Bildungsproblematik aufzeigt, ist...

„The next best thing to knowing something, is knowing where to find it. "

Dieses Zitat des englischen Schriftstellers und Gelehrten Samuel Johnson hat seine Popularität bis heute behalten. Tatsächlich ist die Befähigung zum kompetenten Umgang mit Informationen vor dem Hintergrund einer durch rapiden Wandel gekennzeichneten Gesellschaft, in der sich jeder Einzelne mehr und mehr einer immer größer werdenden Informationsflut und damit dem Problem der Informationsüberflutung ausgesetzt sieht, zu einer Basisqualifikation geworden.

Diese als Informationskompetenz bezeichnete Befähigung ist eine Voraussetzung für das selbstorganisierte Erschließen von Wissen, dem Aufbau neuer und dem Erweitern vorhandener Fähigkeiten und dem Bewältigen von Problemen. Während in unserem Alltagsdenken und -handeln der Bildungsbegriff stark mit Begriffen wie „Belehrung" und „Wissensvermittlung" verbunden ist, wurde er seit Wilhelm von Humboldt erweitert. Dem Wort Bildung kommt seither das Moment der Selbständigkeit, also des Sich-Bildens der Persönlichkeit zu. Humboldt selbst führte dazu aus:

„Es gibt schlechterdings gewisse Kenntnisse, die allgemein sein müssen, und noch mehr eine gewisse Bildung der Gesinnungen und des Charakters, die keinem fehlen darf. Jeder ist offenbar nur dann guter Handwerker, Kaufmann, Soldat und Geschäftsmann, wenn er an sich und ohne Hinsicht auf seinen besonderen Beruf ein guter, anständiger, seinem Stande nach aufgeklärter Mensch und Bürger ist. Gibt ihm der Schulunterricht, was hierfür erforderlich ist, so erwirbt er die besondere Fähigkeit seines Berufs nachher so leicht und behält immer die Freiheit, wie im Leben so oft geschieht, von einem zum anderen überzugehen."

Das Wort Bildung steht in spezifischer Beziehung zu „Erziehung". Diese in der deutschen Sprache unterschiedlich belegten Begriffe sind im Englischen als „education" zusammengefasst.

Die verschiedenen Kompetenzen stehen immer im Bezug zu verschiedenen inneren und äußeren Faktoren. Innere Faktoren sind z. B. das fachliche Wissen, die Sprachkenntnisse, die Kreativität und Ambitionen einer Person, während als äußere Faktoren Kultur, Gesellschaft, Informationsformen, technische Entwicklung und Lebenssituation eine Rolle spielen. Die individuelle Ausprägung z. B. von Informationskompetenz und damit auch die Ausprägung der nachfolgend aufgeführten Fähigkeiten, ist demnach ebenfalls von diesen Faktoren abhängig.

- Die Fähigkeit einen Informationsbedarf zu erkennen
- Die Fähigkeit zur Lokalisierung von Informationen
- Die Fähigkeit zur Organisation von Informationen
- Die Fähigkeit zur zielgerichteten Selektion von Informationen
- Die Fähigkeit zur zweckoptimierten Gestaltung und Präsentation

Die Gefahr der Reduktion von Bildung auf die „Optimierung von Lernprozessen im Hinblick auf deren Relevanz für ökonomisch verwertbare Arbeit", begleitet Reformen von schulischem Lernen schon lange, jetzt dehnt es sich auf „Lebenslanges Lernen aus.

Welche Inhalte jeweils angeeignet werden sollen, entscheidet der Markt bzw. das Arbeitsamt, so die landläufige Meinung, die Bildung nur als Ausbildung sieht.

> „Endgültig angesagt ist der Abschied von jener seit Luther noch immer in den Köpfen der Menschen herumspukenden Vorstellung, dass die berufliche Tätigkeit eines Menschen etwas mit dessen ‚Eignung und Neigung‘ – mit seiner ‚Berufung‘ – zu tun haben sollte. Heute gilt es dagegen, die *wahllose Vermarktung seiner selbst* für selbstverständlich zu halten und widersinniger Weise, trotz des immer schnelleren Veraltens der Qualifikationen, alles daranzusetzen, qualifikatorisch ‚am Ball zu bleiben‘."

(Erich Ribolits: Die Arbeit hoch? Berufspädagogische Streitschrift wider die Totalverzweckung des Menschen im Post-Fordismus, München und Wien: Profil 1995. Seite 13 und Seite 168f.)

Unter **Lernen** versteht man den absichtlichen (intentionales Lernen) und den beiläufigen (inzidentelles und implizites Lernen), individuellen oder kollektiven Erwerb von geistigen, körperlichen, sozialen Kenntnissen, Fähigkeiten und Fertigkeiten. Aus lernpsychologischer Sicht wird Lernen als ein Prozess der relativ stabilen Veränderung des Verhaltens, Denkens oder Fühlens aufgrund von Erfahrung oder neu gewonnenen Einsichten und des Verständnisses (verarbeiteter Wahrnehmung der Umwelt oder Bewusstwerdung eigener Regungen) aufgefasst.

Die Fähigkeit zu lernen ist für Mensch und Tier eine Grundvoraussetzung dafür, sich den Gegebenheiten des Lebens und der Umwelt anpassen zu können, darin sinnvoll zu agieren und sie gegebenenfalls im eigenen Interesse zu verändern. So ist für den Menschen die Fähigkeit zu lernen auch eine Voraussetzung für Bildung, also ein reflektiertes Verhältnis zu sich, zu den anderen und zur Welt. Die Resultate des Lernprozesses sind nicht immer von den Lernenden in Worte fassbar (implizites Wissen) oder eindeutig messbar.

Die Ansätze des lebenslangen Lernens zielen also mit der Ausdehnung der gesellschaftlich-normalen Lernzeit über das ganze Leben sowohl auf eine subjektiv-biographische als auch auf eine politisch-institutionelle Veränderung.

Definition Lebenslanges Lernen — ein neuerlicher Versuch

Die Bund-Länder-Kommission für Bildungsplanung und Forschungsförderung schreibt zudem in ihrem Dokument "Strategie für Lebenslanges Lernen in der Bundesrepublik Deutschland", dass

> *"Lebenslanges Lernen [...] alles formale, nicht-formale und informelle Lernen an verschiedenen Lernorten von der frühen Kindheit bis einschließlich der Phase des Ruhestands [umfasst]. Dabei wird "Lernen" verstanden als konstruktives Verarbeiten von Informationen und Erfahrungen zu Kenntnissen, Einsichten und Kompetenzen."*

Definition:

Lebenslanges Lernen ist die kontinuierliche Aneignung von Wissen und Fähigkeiten im Laufe des Lebens. Es ergibt sich bei der Vorbereitung und als Reaktion auf die verschiedenen Rollen, Situationen und Umgebungen, mit denen ein Mensch im Laufe seines Lebens konfrontiert wird. Es wird durch formelle und informelle Bildungssysteme unterstützt, sowohl innerhalb als auch außerhalb des Arbeitsplatzes, in denen der Einzelne lernen kann, aber auch Beratung und Ermutigung erlebt. Lebenslanges Lernen wird als einer der Schlüssel beim Weiterbildungs-Ansatz und als wichtiger Faktor zur Erhaltung der eigenen Beschäftigbarkeit betrachtet.

Das Europäische Programm für allgemeine Erwachsenenbildung und das Bundesfreiwilligengesetz

Im Bundesfreiwilligendienst ist auch der Erwachsene über 27 Jahren im Blick. In § 2 sind die Freiwilligen definiert.

„Freiwillige im Sinne dieses Gesetzes sind Personen, die 1. die Vollzeitschulpflicht erfüllt haben, 2. den Bundesfreiwilligendienst ohne Erwerbsabsicht, außerhalb einer Berufsausbildung und vergleichbar einer Vollzeitbeschäftigung, oder, sofern sie das 27. Lebensjahr vollendet haben, vergleichbar einer Voll- oder Teilzeitbeschäftigung von mehr als 20 Stunden pro Woche leisten..."

GRUNDTVIG, das Programm für die allgemeine Erwachsenenbildung in der EU.

Der Namensgeber für GRUNDTVIG, das Programm für die allgemeine Erwachsenenbildung in der EU, der dänische Theologe und Pädagoge Nikolaj Frederik Severin Grundtvig (1783 – 1872), hat dem lebenslangen Lernen wichtige Impulse gegeben.

Zwei spezifische Ziele stehen bei GRUNDTIVG im Vordergrund: Zum einen sollen die durch die Alterung der Bevölkerung entstehenden Bildungsherausforderungen angegangen werden. Zum anderen unterstützt das Programm Erwachsene bei der Erweiterung und Vertiefung ihres Wissens und ihrer Kompetenzen. Im Blickpunkt stehen dabei neben älteren Menschen auch Erwachsene, die ihren Bildungsweg ohne Grundqualifikation abgebrochen haben.

Diese Ziele der EU stehen in vollem Einklang mit dem Bundesfreiwilligengesetz.

§ 1 Aufgaben des Bundesfreiwilligendienstes

Im Bundesfreiwilligendienst engagieren sich Frauen und Männer für das Allgemeinwohl, insbesondere im sozialen, ökologischen und kulturellen Bereich sowie im Bereich des Sports, der Integration und des Zivil- und Katastrophenschutzes. Der Bundesfreiwilligendienst fördert das lebenslange Lernen. Gerade auch die ältere Generation soll ins Auge gefasst werden.

Andragogik ist die Wissenschaft, die sich mit der lebenslangen Bildung des Erwachsenen befasst. Der moderne dynamische und ganzheitliche Bildungsbegriff steht für den lebensbegleitenden Entwicklungsprozess des Menschen, bei dem er seine geistigen, kulturellen und lebenspraktischen Fähigkeiten und seine personalen und sozialen Kompetenzen erweitert. Dazu gehören Achtung, Empathie, Kompromissfähigkeit, Toleranz, Interkulturelle Kompetenz, Zivilcourage, Kooperation, Konfliktfähigkeit, Kommunikationsfähigkeit, Emotionale Intelligenz oder eben auch Engagement. Aus der Andragogik wissen wir, dass Erwachsene einen starken Wunsch nach selbstgesteuertem Lernen haben, ihre Erfahrungen in den Lernprozess einbringen möchten, ihre Lernbereitschaft selbst unter Beweis stellen wollen und lernen wollen, um die Probleme ihres Alltags zu lösen.

Das Postulat des „Lebenslangen Lernens" oder "life-long-learning" betrifft nicht nur die Ausbildungs- und Berufsphase, es wird nicht nur an die erwerbstätigen Generationen gedacht, sondern auch die nachberufliche Lebensphase.

Der Begriff des „Demographischen Wandels" charakterisiert eine in vielen europäischen, amerikanischen aber auch fernöstlichen Gesellschaften seit einigen Jahren zu beobachtende Veränderung. Die Gruppe der älteren Erwachsenen wird für die nächsten Jahrzehnte einen wachsenden Anteil an der Bevölkerung ausmachen, mit Auswirkungen auf Politik, Sozialsysteme und Wirtschaft.

Betrug der Anteil der 50-bis 64jährigen Menschen an der Bevölkerung Europas 1995 etwa 14%, werden es 2015 etwa 26% sein, der Anteil der über 65Jährigen wird von 25% auf 30% steigen.

Ältere Studierende „konsumieren" also nicht nur die Ressource Wissenschaft, sondern sie bringen aktiv ihre biografisch erworbenen Ressourcen ein. Die Öffnung der Hochschulen für Ältere war kein „Gefallen" gegenüber dieser Gruppe, sondern entspricht dem gesellschaftlichen Auftrag der Hochschulen.

„Es lassen sich Typen von älteren Lernenden differenzieren", so trivial sind die wissenschaftlichen Erkenntnisse der Pädagogik, Psychologie usw. Die einen wollen und können noch lernen, die anderen wollen oder können nicht.

Europa befindet sich unbestreitbar auf dem Weg in das Zeitalter des Wissens und damit muss sich jeder Bürger an den Wandel anpassen, muss jeder Einzelne „eingefahrene" Handlungsmuster ändern wollen, sich für **lebenslanges Lernen** entscheiden. Lebenslanges Lernen hat im Fokus: die Förderung der aktiven Staatsbürgerschaft, **Ermutigung und Befähigung der Menschen zur noch aktiveren Mitwirkung** an allen Bereichen des modernen öffentlichen Lebens, vor allem am sozialen und politischen Leben auf allen Ebenen des Gemeinwesens, auch auf europäischer Ebene,   (ein Ziel der politischen Bildung) sowie die Beschäftigungsfähigkeit.

Die Strategie für lebenslanges Lernen sollte den ständigen Zugang zum Lernen gewährleisten, ebenso die Aktualisierung von Qualifikationen.

Den Zugang zum lebenslangen Lernen bietet das Bundesfreiwilligengesetz allen Altersstufen der Bevölkerung, allerdings nicht zum Nulltarif, es verlangt eine quasi ehrenamtliche Tätigkeit. Bildung wird selbst zum Bildungsthema.

Europäer von heute leben in einem komplexen sozialen und politischen Umfeld. Mehr als jemals zuvor möchte der Einzelne sein Leben selbst planen, wird erwartet, dass er einen aktiven Beitrag zur Gesellschaft leistet, und muss er lernen, positiv mit kultureller, ethnischer und sprachlicher Vielfalt umzugehen. **Bildung im weitesten Sinne ist der Schlüssel, um zu lernen und zu begreifen**, wie diesen Herausforderungen zu begegnen ist.

Die industrielle Revolution hatte wahrscheinlich ähnliche Auswirkungen auf die Lebensweise der Menschen wie die digitale Technik, die Änderungen in sämtlichen Bereichen des Lebens der Menschen mit sich bringt. Das weltumspannende Ausmaß von Handel, Reisen und Kommunikation hat eine Erweiterung des kulturellen Horizonts der Menschen zur Folge.

Anstatt nur größere Chancen und mehr Möglichkeiten für die Individuen zu bieten, empfinden die Bürger auch größere Risiken und Unsicherheiten. Die Menschen können zwischen verschiedenen Lebensmodellen wählen, gleichzeitig müssen sie jedoch selbst die Verantwortung für die Gestaltung ihres Lebens übernehmen. Mehr Menschen bleiben länger in Bildung und Ausbildung, weil die Berufe dies erfordern.

Auch schreitet die Alterung der europäischen Bevölkerung rasch fort. Damit werden sich die Zusammensetzung der Erwerbsbevölkerung und die Bedarfsstruktur bei Dienstleistungen in den Bereichen Soziales, Gesundheit und Bildung ändern. Nicht zuletzt werden die europäischen Gesellschaften immer mehr zu einem multikulturellen Mosaik.

Diese Vielfalt birgt ein großes Potential für Kreativität und Innovation in sämtlichen Lebensbereichen.

Hauptakteure von Wissensgesellschaften sind die Menschen, solche Sätze verkürzen die Bildungsvisionen auf ein Minimum und erzeugen falsche Lösungen.

Was in erster Linie zählt, ist die Fähigkeit der Menschen, zwar Wissen zu produzieren, jedoch darüber hinaus dieses Wissen auch effektiv und intelligent zu nutzen, und dies unter sich ständig verändernden Rahmenbedingungen.

Wollen sie diese Fähigkeit voll entwickeln, müssen die Menschen bereit und in der Lage sein, ihr Leben selbst in die Hand zu nehmen und – kurz gesagt – aktive Staatsbürger zu werden. Es geht also weit über Wissen und deren Verarbeitung hinaus, um humanes Leben auf der Erde, um lebenslange Aus- und Weiterbildung, ja und eben auch Bildung im Sinne von Formung des Menschen im Hinblick auf sein „Menschsein", seine geistigen Fähigkeiten, es geht um die Bildung des Mensch als ein soziales, auf Gemeinschaft angelegtes und Gemeinschaft bildendes Lebewesen, wobei Gemeinschaft durch die Globalisierung zur Weltgemeinschaft sich weitet, was das Ego der Menschen nur schwer verdaulich erlebt.

Das lebensumspannende „Kontinuum" des Lernens

Wissen, Fähigkeiten und Einsichten, die wir als Kinder und Jugendliche in Familie, Schule, Ausbildung und Studium erwerben, bewahren ihre Gültigkeit nicht während des gesamten Lebens. Das Lernen stärker im Erwachsenenleben zu verankern ist zwar ein ganz wesentlicher Aspekt der praktischen Implementierung des lebenslangen Lernens, aber eben doch nur ein Teilaspekt eines größeren Ganzen. Beim lebenslangen Lernen werden sämtliche Lernaktivitäten als ein nahtloses, „von der Wiege bis zum Grab" reichendes Kontinuum gesehen. **Eine qualitativ hochwertige,** bereits in frühester Kindheit ansetzende **Grundbildung für alle** ist ein unverzichtbares Fundament. Diese Grundbildung und die anschließende berufliche Erstausbildung sollten allen jungen Menschen die neuen Basisqualifikationen vermitteln, die in einer wissensbasierten Wirtschaft verlangt werden.

Auch sollte sichergestellt sein, dass die jungen Menschen „zu lernen gelernt" haben und dass sie eine positive Einstellung gegenüber dem Lernen haben.

Die Menschen werden nur dann ständige Lernaktivitäten während ihres ganzen Lebens einplanen, wenn sie lernen *wollen*. Sie werden nicht weiterlernen wollen, wenn sie in ihren frühen Lebensjahren Lernerfahrungen gemacht haben, die nicht zum Erfolg führten und die von ihnen negativ erlebt wurden. Sie werden nicht weitermachen wollen, wenn geeignete Lernmöglichkeiten nicht ohne weiteres zugänglich sind, sei es aus zeitlichen Gründen oder aus Gründen des Lerntempos, des Lernorts oder der mit dem Lernen verbundenen Kosten. Sie werden nicht motiviert sein, an Lernaktivitäten teilzunehmen, die inhaltlich und methodisch ihrem kulturellen Umfeld und ihren Erfahrungen nicht ausreichend Rechnung tragen. Und sie werden auch nicht Zeit, Mühe und Geld in die Weiterbildung investieren wollen, wenn ihre bereits erworbenen Kenntnisse, Fähigkeiten und

Qualifikationen nicht entsprechend anerkannt werden, sei es im persönlichen Bereich, sei es in Bezug auf das berufliche Fortkommen. Die individuelle Lernmotivation und eine möglichst große Vielfalt an Lerngelegenheiten sind letztlich der Schlüssel für eine erfolgreiche Implementierung des lebenslangen Lernens. Es kommt entscheidend darauf an, **sowohl die Nachfrage nach als auch das Angebot an Lernmöglichkeiten zu erhöhen**, insbesondere für diejenigen, die bisher am wenigsten von Bildungs- und Ausbildungsangeboten profitiert haben. Jeder sollte die Möglichkeit haben, selbst gewählte, offene Lernwege einzuschlagen, anstatt gezwungen zu sein, im Voraus festgelegten, auf bestimmte Ziele ausgerichteten Pfaden zu folgen. Kurz gesagt: Bildungs- und Ausbildungssysteme sollten sich an die individuellen Bedürfnisse und Wünsche anpassen und nicht umgekehrt.

Formales, Nicht-formales und informelles Lernen

Es sind drei grundlegende Kategorien „zweckmäßiger Lerntätigkeiten" zu unterscheiden:

Formales Lernen findet in Bildungs- und Ausbildungseinrichtungen statt und führt zu anerkannten Abschlüssen und Qualifikationen.

Nicht-formales Lernen findet außerhalb der Hauptsysteme der allgemeinen und beruflichen Bildung statt und führt nicht unbedingt zum Erwerb eines formalen Abschlusses. Nicht-formales Lernen kann am Arbeitsplatz und im Rahmen von Aktivitäten der Organisationen und Gruppierungen der Zivilgesellschaft (wie Jugendorganisationen, Gewerkschaften und politischen Parteien) stattfinden. Auch Organisationen oder Dienste, die zur Ergänzung der formalen Systeme eingerichtet wurden, können als Ort nichtformalen Lernens fungieren (z. B. Kunst-, Musik- und Sportkurse oder private Betreuung durch Tutoren zur Prüfungsvorbereitung).

Informelles Lernen ist eine natürliche Begleiterscheinung des täglichen Lebens. Anders als beim formalen und nicht-formalen Lernen handelt es sich beim informellen Lernen nicht notwendigerweise um ein intentionales Lernen, weshalb es auch von den Lernenden selbst unter Umständen gar nicht als Erweiterung ihres Wissens und ihrer Fähigkeiten wahrgenommen wird.

Bislang war es in erster Linie das formale Lernen, mit dem sich die Politik beschäftigt hat und das die Ausgestaltung der Bildungs- und Ausbildungsangebote wie auch die Vorstellung der Menschen davon, was als „Lernen" angesehen wird, geprägt hat. Das Kontinuum des lebenslangen Lernens rückt das nicht-formale und das informelle Lernen stärker ins Bild. Nicht-formales Lernen findet per definitionem außerhalb von Schulen und Ausbildungsstätten statt. In der Regel wird es nicht als „richtiges" Lernen empfunden, und die Lernergebnisse werden auf dem Arbeitsmarkt nicht unbedingt gewürdigt. Nicht-formales Lernen wird somit üblicherweise unterbewertet.

Beim informellen Lernen hingegen besteht die Gefahr, dass es überhaupt nicht wahrgenommen wird, obgleich es sich hier um die älteste Form des Lernens handelt, die nach wie vor die Hauptstütze des Lernens im frühen Kindesalter ist. Dass die Mikrocomputer-Technologie zunächst in den Privathaushalten und erst danach in den Schulen Einzug gehalten hat, unterstreicht die Bedeutung des informellen Lernens. Informelle Kontexte bieten ein enormes Reservoir an Lerngelegenheiten und könnten eine wichtige Quelle für Innovationen im Bereich der Lehr- und Lernmethoden sein.

Der Begriff „lebenslanges Lernen" stellt auf die zeitliche Dimension ab: es geht um Lernen während des ganzen Lebens; dieses Lernen kann kontinuierlich stattfinden oder in regelmäßigen Abständen. Der neue Begriff eines „lebensumspannenden Lernens" bringt eine neue Dimension in das Bild ein, indem er auf die „räumliche" Ausdehnung des Lernens abzielt, das in allen Lebensbereichen und -phasen stattfinden kann. Die „lebensumspannende" Dimension verdeutlicht die **Komplementarität von formalem, nicht-formalem und informellem Lernen.** Sie macht uns bewusst, dass sinnvolles und vergnügliches Lernen auch in der Familie, in der Freizeit, im Gemeinwesen und bei der täglichen Arbeit stattfindet. Das Konzept des „lebensum-spannende Lernen" führt uns vor Augen, dass Lehren und Lernen Rollen und Tätigkeiten sind, die zu unterschiedlichen Zeiten und an unterschiedlichen Orten unterschiedliche Gestalt annehmen können, wobei es auch zu einem Rollentausch kommen kann.

Lebenslanges Lernen wird nach wie vor sehr unterschiedlich definiert, je nachdem, um welchen nationalen Kontext es geht und was bezweckt wird. Aus den jüngsten einschlägigen politischen Analysen geht hervor, dass die Definitionen zum großen Teil informell und pragmatisch gehalten und eher maßnahmenorientiert sind, als dass begriffliche Klarheit angestrebt oder juristische Termini zugrunde gelegt würden. Die treibende Kraft, die dafür gesorgt hat, dass das lebenslange Lernen in den 90er-Jahren wieder auf die politische Tagesordnung gesetzt wurde, war das Bestreben, Beschäftigungsfähigkeit und Anpassungsfähigkeit der Bürgerinnen und Bürger zu verbessern angesichts einer hohen strukturellen Arbeitslosigkeit, von der die am schlechtesten Qualifizierten am stärksten betroffen sind. Die rasche Alterung der europäischen Bevölkerung bedeutet, dass der Bedarf an Kenntnissen und Fähigkeiten, die auf dem neuesten Stand sind, nicht befriedigt werden kann, indem man in erster Linie auf die Neuzugänge zum Arbeitsmarkt setzt, wie dies in der Vergangenheit der Fall war: es wird zu wenige junge Menschen geben, und der technologische Wandel, insbesondere der Übergang zur digitalen Wirtschaft, vollzieht sich mit zu hoher Geschwindigkeit. Beschäftigungsfähigkeit ist offenkundig eines der Hauptergebnisse von erfolgreichem Lernen. Soziale Eingliederung erfordert jedoch mehr als die Ausübung einer Erwerbstätigkeit. Lernen ebnet den Weg für ein erfülltes, produktives Leben, unabhängig von der Stellung im Beruf und von den Beschäftigungsaussichten einer Person.

Die Ideen der Bürgeruniversität oder Seniorenakademie und die BUFDI-Idee

So genannte **Bürgeruniversitäten** werden zunehmend von gemeinnützigen Organisationen wie der Stiftung EBWK oder auch von deutschen Hochschulen organisiert. Ziel ist es dabei, weitere Bevölkerungsteile anzusprechen und für Bildung zu begeistern oder Bildungsbürger aus dem Elfenbeinturm zu führen und ihr Wissen anderen zur Verfügung zu stellen. Der Begriff **Elfenbeinturm** bezeichnet dabei ganz allgemein einen geistigen Ort der Abgeschiedenheit und Unberührtheit von der Welt. Der Bundesfreiwilligendienst ist für die Senioren eine sehr günstige Gelegenheit im Rahmen der Seminare bei der pädagogischen Betreuung das Lernziel des Lebens (Lebenslanges Lernen) zu verwirklichen.

6 Einsatzbereiche

In welchen Bereichen kann sich der Bundesfreiwillige für das Gemeinwohl engagieren?

- **Sozialer Bereich**

  beim Rettungsdienst, Altenpflege, Altenbetreuung oder im Krankenhaus

- **Ökologischer Bereich**

  im Zoo, Tierheim oder einer ökologischen Schutzstation

- **Kultur**

  am Theater, im Museum , in Bürgerhäusern, Pflege öffentlicher Parkanlagen oder bei archäologischen Ausgrabungen

- **Sport**

  z.B. im Sportverein, beim Gesundheitssport oder im Bewegungskindergarten, Schwimmkurse für Schulen, Basissportkurse für Kinder mit Bewegungsdefiziten

- **Bildung und Erziehung**

  Betreuung im Kinderhort, Nachmittagsbetreuung in Schulen oder einem Nachhilfeprojekt

- **Integration**

  in einem integrativen Projekt mit Menschen mit Migrationshintergrund

 **Wichtig: Die neu geschaffenen Stellen dürfen keinen Arbeitsplatz ersetzen**

7 Checkliste für Einsatzstellen

Bevor der Antrag auf Zulassung als Einsatzstelle gestellt wird, sollte die Einsatzstelle sich folgende Fragen stellen:

Grundfragen

Ist die Organisation **gemeinnützig**?
(z.B. eingetragener Verein, gemeinnützige GmbH, gemeinnützige Stiftung, Bildungseinrichtung, kulturelle Einrichtung etc.)

Wie **viel** zusätzliches Personal wird benötigt? Und dann:

* Welches **Budget** ist für zusätzliches Personal vorhanden?
* Ab **wann** werden zusätzliche Kräfte benötigt?
* Welche **Aufgaben** können die Bundesfreiwilligen übernehmen?
* Welche Qualifikation muss der der Bundesfreiwillige haben?
* **Wo** werden die Bundesfreiwilligen konkret eingesetzt?
* Wer **betreut** die Bundesfreiwilligen?

Dauer des Freiwilligendienstes

Der Bundes-Freiwilligendienst muss mindestens **6 Monate** umfassen. Maximal sind **18 Monate** möglich. Eine Verlängerung auf 24 Monate ist bei Vorlage eines besonderen pädagogischen Konzeptes zulässig.

Der Einsatz kann unterjährig, in jedem beliebigen Monat beginnen, z.B. 1. April 2012. Auch zur Monatsmitte kann der Freiwillige starten, z.B. 15. Januar 2013.

Eine Wiederholung des Freiwilligendienstes, dazu zählt auch das freiwillige soziale oder ökologische Jahr (FSJ/FÖJ), ist möglich. Hierbei muss zwischen Beendigung des ersten Freiwilligendienstes und Start des zweiten Bundesfreiwilligendienstes eine Zeit von **5 Jahren** liegen.

Zulassung als Einsatzstelle

Die gemeinnützige Organisation stellt einen Antrag auf Zulassung. Im Antrag werden Informationen über die Einrichtung, die Anzahl der benötigten Stellen sowie Stellenbeschreibungen gegeben.

Der Antrag sowie die Anlagen (Flyer der Einrichtung, Flyer über Projekte, Bescheinigungen über die Gemeinnützigkeit etc.) werden an die Zentralstelle bzw. direkt an das Bundesamt nach Köln gesandt.

Jede Einsatzstelle muss sich einer Zentralstelle zuordnen. Zentralstelle kann das BFZA sein wenn die Einsatzstelle keinem Wohlfahrtsverband oder Spitzenverband zugeordnet ist.

Stellen ausschreiben

Um geeignete Freiwillige zu bekommen, gibt es mehrere Möglichkeiten.

Die Stellenbeschreibung kann in der **Jobbörse der Arbeitsagentur** unter der Rubrik PRAKTIKUM eingestellt werden:

www.jobboerse.arbeitsagentur.de/Praktikum

Über das Portal des Bundesfreiwilligendienstes:

www.stellen.bundesfreiwilligendienst.de

Unabhängige (trägerfreie) kleine Einrichtungen oder Schulen können auch das Portal der Stiftung für Erziehung, Bildung, Wissenschaft und Kultur nutzen.

Vorstellungsgespräch

Es müssen einige wichtige Dinge geklärt werden!

Dies Fragen sollte die Einsatzstelle stellen:

Warum haben Sie sich für den Bundesfreiwilligendienst entschieden?

Die Motivation sollte mehr sein als „Wusste sonst nicht, was ich machen sollte"!

Warum haben sie sich für die ausgeschriebene Stelle entschieden?

Stellen Sie Ihre eigenen Kriterien auf.

Können Sie Ihren Lebensunterhalt mit dem Taschengeld bestreiten?

Ein Nebenverdienst (z.B. 400-EUR-Job) ist ggf. möglich.

Haben Sie einen Nebenjob?

Insgesamt darf die wöchentliche Arbeitszeit 48 Stunden nicht übersteigen.

Üben Sie eine unselbstständige, nicht sozialversicherungspflichtige Tätigkeit aus?

Zu prüfen ist hier, wo der Hauptbeschäftigungsschwerpunkt liegt. Die Zahl der im Bundesfreiwilligendienst monatlich abgeleisteten Stunden muss über derjenigen in der unselbständigen und sozialversicherungspflichtigen Tätigkeit abgeleisteten liegen. Trifft das nicht zu, werden die Sozialversicherungsbeiträge nicht vom Bundesamt übernommen. Der Freiwillige kommt weiter für z.B. Krankenkassenbeiträge auf, kann jedoch am Bundesfreiwilligendienst teilnehmen.

Sind Sie Kindergeldberechtigt?

Die Kindergeldzahlungen erfolgt weiter.

Beziehen Sie eine Grundsicherung über das Jobcenter.

170 Euro können aufgestockt werden.

Sind Sie zurzeit bei der Bundesagentur für Arbeit arbeitslos gemeldet?

Der Bezug von ALG I und das Absolvieren des Bundesfreiwilligendienstes sind nicht möglich.

Sind sie in Elternzeit?

Der Arbeitgeber muss informiert werden. Die Elternzeit und deren Bestimmungen/Beschränkungen bleiben unverändert bestehen.

Beziehen Sie Ländererziehungsgeld?

Die Bezüge bleiben unverändert.

Wie sind Sie krankenversichert?

Sind Sie über 27 Jahre?

Über 27jährige können auch in Teilzeit (mindestens 20 Wochenstunden) arbeiten.

Sind Sie im Ruhestand?

Einige Versicherer kürzen die Bezüge. Lassen sie dem Freiwilligen Zeit sich zu informieren.

Wie lange möchten Sie am Bundesfreiwilligendienst teilnehmen? 6, 12 oder 18 Monate?

Im Zweifelsfall steht der zuständig Regionalbetreuer mit Rat zur Hilfe. Ebenfalls können die jeweiligen Ämter und Behörden Auskunft geben. Zuständigkeiten können unter der Hotline des Bundesfreiwilligendienstes erfragt werden.

 **Jedem Bundesfreiwilligen steht nach dem Ende des Dienstes ein Zeugnis zu.**

Vollständige Bewerbungsunterlagen enthalten...

- Anschreiben an die Einsatzstelle
- Vorname, Name des Bewerbers
- Geburtsdatum
- Aktuelle Anschrift / E-Mail-Adresse
- Aktuelle Telefonnummer
- Chronologischen Lebenslauf
- Aktuelles Passfoto
- Bei Online-Bewerbungen empfiehlt sich immer ein pdf-Format nicht größer als 2 MB

Die Vereinbarungen werden zwischen Bundesamt, Einsatzstelle und Bundesfreiwilligem geschlossen

Zuständigkeiten der Vertragspartner

Einsatzstelle

- Werbung und Auswahl der Freiwilligen
- Aushandeln der Bedingungen
- Vereinbarung ausfüllen und an Zentralstelle (evtl. über Träger) senden.
- Verfügbarkeit Kontingente per Onlinezugang prüfen

Träger (falls vorhanden)

- Verwaltet die Kontingente
- Vorprüfung der Vereinbarung
- Leitet gültige Vereinbarung weiter

Zentralstelle

- Verwaltet die Kontingente auf Bundesebene
- Vorprüfung der Vereinbarung
- Leitet gültige Vereinbarungen an das Bundesamt weiter

Bundesamt (BAFzA)

- Endprüfung der Vereinbarung
- Schließt Vertrag mit dem Freiwilligen
- Betreuung vor Ort durch Regionalbetreuer

Literatur

- Karin Beher, Reinhard Liebig, Thomas Rauschenbach: *Struktur-wandel des Ehrenamts. Gemeinwohlorientierung im Modernisie-rungsprozeß.* Juventa, Weinheim, München 2000, ISBN 3-7799-1406-9
- Dieter Hanhard: *Freiwilligenarbeit. Ein Handbuch; ein Ratgeber aus der Beobachter-Praxis.* Der Schweizerische Beobachter, Glattbrugg 2000, ISBN 3-85569-199-1
- Arno Heimgartner: „Ehrenamtliche bzw. freiwillige Arbeit in Ein-richtungen Sozialer Arbeit". In: *Europäische Hochschulschriften.* Reihe 11 Pädagogik, Band 916, Peter Lang, Berlin, Bern, Frank-furt am Main, Wien 2004, ISBN 978-3-631-52789-4
- Gerhard Igl, Monika Jachmann, Eberhard Eichenhofer: *Ehrenamt und bürgerschaftliches Engagement im Recht – ein Ratgeber.* Leske + Budrich, Opladen 2002, ISBN 3-8100-3575-0
- Ernst Kistler, Heinz-Herbert Noll, Eckhard Priller (Hrsg.): *Perspek-tiven gesellschaftlichen Zusammenhalts. Empirische Befunde, Praxiserfahrungen, Meßkonzepte.* Edition Sigma, Berlin 1999, ISBN 3-89404-459-4
- Doris Rosenkranz, Angelika Weber (Hrsg.): *Freiwilligenarbeit.* Juventa, Weinheim, München 2002, ISBN 3-7799-0732-1
- Andrea Schumacher: *Im Anruf des Guten. Zur Wertorientierung des Menschen im kirchlichen Ehrenamt.* Institut zur Förderung der Glaubenslehre, München 2002, ISBN 3-936909-99-7
- Peter Schüll: *Motive Ehrenamtlicher. Eine soziologische Studie zum freiwilligen Engagement in ausgewählten Ehrenamtsberei-chen.* Berlin 2004, ISBN 3-86573-022-1
- Christina Stecker: *Vergütete Solidarität und solidarische Vergü-tung. Zur Förderung von Ehrenamt und Engagement durch den Sozialstaat.* Reihe Bürgerschaftliches Engagement und Nonprofitsektor, Bd. 8., Leske + Budrich, Opladen 2002, ISBN 3-8100-3484-3

Danksagung

Unser Dank gilt der Stiftung für Erziehung, Bildung, Wissenschaft und Kultur

Im Mittelpunkt der Arbeit der Stiftung für Erziehung, Bildung, Wissenschaft und Kultur steht der Mensch – das Kind, der Jugendliche und der Erwachsene. Was kann der Einzelne für seine Bildung tun? Welche Unterstützung können dabei Bildungseinrichtungen von der Kindertagesstätte bis zur Hochschule und dem Betrieb oder Unternehmen leisten und wie arbeiten sie zusammen? Was ist Aufgabe von Staat und Gesellschaft? Welche Möglichkeiten der Optimierung des Bildungssystems gibt es in Deutschland?

Die Stiftung Erziehung, Bildung, Wissenschaft und Kultur hat sich die Aufgabe gegeben, Kinder insbesondere in Deutschland über ihren Lebenslauf vom Schulkind über weiterbildende Schulen bis zur Hochschule oder Universität fördernd zu begleiten und auch im Erwachsenenalter an die gemeinschaftsdienliche Idee zu binden.

Im Kinder- und Jugendlichen-Alter soll ein ergänzendes Schulsystem, die „Pisa-Schulen", die Erziehungs- und Bildungs-Defizite ausgleichen, Begabungen fördern, besonders in musischen Fächer den Kindern und Jugendlichen eine das staatliche Schulsystem überfordernde Erziehung und Bildung nahe bringen.

Dies soll ohne den Druck und Ballast der staatlichen Schulen und Institutionen erfolgen, wenn auch in Zusammenarbeit, dort wo möglich, die Bildungskarriere weiterhin gefördert werden soll.

Die Management-School der Stiftung bildet hierzu pädagogische Kräfte ohne weltanschauliche Bindung aus. Die ‚Management School for Human Resources' der Stiftung EBWK und EBWK-Consulting liefert einen wichtigen Beitrag zur Förderung der Stiftungsphilosophie und bietet hochwertige Erwachsenenbildung und Unternehmensberatung an. Erlöse dieser Tätigkeiten gehen an die Stiftung EBWK zur Förderung der gemeinnützigen Projekte. Die Stiftung Erziehung, Bildung, Wissenschaft und Kultur fördert innovative und kreative Projekte in den Bereichen humaner und reformpädagogisch geprägter Erziehungsmethoden, effektive und effiziente Erwachsenenbildung, wissenschaftliche Forschung in den Bereichen humaner Erziehungs- und Bildungspraxis sowie kulturelle Projekte zur Förderung des humanen Denkens und Handelns auf den Gebieten Erziehung, Bildung, Wissenschaft und Kultur. Die Hochschulinitiative der Stiftung Erziehung, Bildung, Wissenschaft und Kultur schließlich soll besondere Begabungen durch Hochschulförderung und deren Ausbildungen fördern. So soll ein Kind schon früh hinsichtlich seines Bildungslaufes in den Blick genommen werden, ohne die Schranken vorauseilender Zweifel an seiner Begabung.

Beate Kesper und
Dr. Erik Müller-Schoppen

Die Autoren

Dr. Erik Müller-Schoppen

Jahrgang 1949, studierte Psychologie, Pädagogik, Geographie, Theologie in Köln und Bonn. Er promovierte zum Thema Erziehungswissenschaften und Psychoanalyse. Darüber hinaus absolvierte er eine zusätzliche Ausbildung in Gesprächspsychotherapie und Hypnose. Seit 1969 entwickelt Dr. Erik Müller-Schoppen Lerntechniken auf der Basis der Montessori-Pädagogik.

Seit 1978 führt Dr. Müller-Schoppen eine psychologische Beratungspraxis bei Bonn. Viele Jahre war er Studienleiter der Düsseldorfer Paracelsus Schule und ist seit langem Dozent für Psychotherapie und Managementtraining. Er führt seit Jahren erfolgreich im gesamten deutschsprachigen Raum Gastdozenturen durch, sowie in den Niederlanden und den USA.

Viele renommierte Managementtrainer beziehen sich auf seine Ausbildung.

Heute arbeitet Dr. Erik Müller-Schoppen als freier Trainer, Individualcoach und Autor, hält Vorträge und leitet Seminare und Fachausbildungen. Der Querdenker gehört zu den Erfindern des Infotainments. 2004 gründete er die gemeinnützige Stiftung EBWK Erziehung, Bildung, Wissenschaft und Kultur, die z.B. auch das Pisa-Projekt "ganzheitliches Lernen" fördert. Seit Mai 2007 hat er einen Lehrauftrag an der Fachhochschule Salzburg.

Ehrenamt: Ehrenvorsitzender des Stiftungsrates der Stiftung EBWK, Vorsitzender des Kuratoriums der Stiftung EBWK

Beate Kesper

Jahrgang 1968, Diplom Braumeisterin, Studium der Brauerei- und Getränketechnologie in Berlin, Gelernte Brauerin und Mälzerin, Ausbildung zur Psychologischen Managementtrainerin, Individualcoach und Persönlichkeitstrainerin

Langjährige internationale Erfahrung als Projektmanagerin im Anlagen- und Maschinenbau, Unternehmensberaterin und Coach, Organisatorin und Dozentin für Weiterbildungsmaßnahmen für Führungskräfte in Südostasien (Vietnam, China, Laos) und Australien, internationale Kompetenz im Aufbau moderner Qualitätssicherungssysteme und im Instandhaltungsmanagement.

Internationale Erfahrung im Change-management in den Bereichen Personalentwicklung und Personaltraining, Spezialistin für Führung und Bildung interkultureller Teams, Konfliktmanagement, Teambuilding, Teamstärkung.

Mehrjährige ehrenamtliche Tätigkeit für die AWO als Betreuer für Eltern-Kind Erholungen für Kinder mit Behinderungen

Vorstandsvorsitzende der Stiftung EBWK, Botschafterin der Stiftung EBWK, Trainerin, Projektleiterin und Ausbilderin der ‚Managementschool for Human Resources‘ der EBWK, Gründerin der Psychosozialen-Beratungsstelle der EBWK in Kitzingen, Initiatorin vieler Projekte in denen Bundesfreiwillige mit besonderen Kompetenzen zum Einsatz kommen.

Aktuelle Veröffentlichungen:

Management-Wissen – kompakt
von Dr. Erik Müller Schoppen und Beate Kesper
ISBN 978-3837025576
Du kannst nur mit dem Herzen führen: Psychologische Führungsfibel
von Dr. Erik Müller-Schoppen
ISBN 978-3833499463
MANAGEMENT-Wissen
von Dr. Erik Müller-Schoppen, Stefanie Ohnrich, Kerstin Fuchs, Klaus Kuhn und Josef Schulte
ISBN 978-3833498541
Zum Glück: 99 Fragen und Antworten zum Lebens-Thema "Wie werde ich glücklich?" "Mut um glücklich zu sein"
von Dr. Erik Müller-Schoppen und Jürgen Brocke
ISBN 978-3833452727
Kommunikation und Beratungskompetenz für Heilpraktiker
von Thomas Schnura und Dr. Erik Müller Schoppen
ISBN 978-3830491576
Bewusst Sein
Von der Intelligenz des Herzens
vonDr. Erik Müller Schoppen
ISBN 978-3-84481-987-8